VERSUS

Eva Bilhuber

Bemerkenswert normal

Vom der Kunst,
ein normales Leben zu führen
in einer überdrehten Gesellschaft

Versus · Zürich

Bibliografische Information der Deutschen Nationalbibliothek

Die Deutsche Nationalbibliothek verzeichnet diese Publikation in der Deutschen Nationalbibliografie; detaillierte bibliografische Daten sind im Internet über http://dnb.dnb.de abrufbar.

Weitere Informationen zu Büchern aus dem Versus Verlag unter www.versus.ch

Umschlaggestaltung: Elisabeth Aster · San Genesio Atesino · Italien
Satz und Herstellung: Versus Verlag · Zürich
Druck: Kösel · Krugzell
Gedruckt auf RecyStar Polar · 100% Recyclingpapier
Printed in Germany

ISBN 978-3-03909-185-0

Für dich

Liebe Barbara!

Mit besten Wünschen
und eine unterhaltsame -
ermutigende Lektüre!

Herzlichst,
Eva

Inhaltsverzeichnis

Warum

«Eines der Symptome eines sich ankündigenden Nervenzusammenbruchs ist die Empfindung, dass die eigene Arbeit etwas ganz schrecklich Wichtiges sei.»

Bertrand Russell

Erstes Rendez-vous

Wie es zu diesem Buch kam

Es war ein sonniger und heißer Sommertag im Juli, als ich, ohne es zu wissen – geschweige denn zu wollen – den Stein für dieses Buch ins Rollen brachte. Es war der Tag, an dem der Notar beim Handelsregisteramt um exakt 17:10 Uhr mit voller Wucht seinen Stempel auf die Gründungsurkunde meiner neuen Beratungsfirma pfefferte. Was für ein kraftvoller Startschuss in meine Zukunft als Selbständige! Endlich. Beflügelt von grenzenloser Euphorie machte ich mich mit Vollgas ans Werk, meine kleine Managementberatungs-Boutique aufzubauen. Wild entschlossen, alle Manager dieser Welt zu retten, nein, was sage ich – die ganze Wirtschaftswelt!

Was folgte, waren zwölf Monate, die mir auch heute noch – mit mehr als sechs Jahren Abstand – in schmerzvoller Erinnerung sind. Erschreckend schnell machte die anfängliche Euphorie einer bitteren Ernüchterung Platz. Insbesondere immer dann, wenn ich mein Bankkonto betrachtete. «Du musst erst mal deine USP entwickeln», riet mir ein Kollege. Aha. Eine Unique Selling Propostion also. Damit ist gemeint, was mich von anderen Beratern unterscheidet, was ich außergewöhnlich gut kann, wo ich einen speziellen Wert stifte etc.

Ich verbrachte Wochen damit, nach dem Einzigartigen in meiner Beratung zu suchen. Aber irgendwie kam ich nie zu einer befriedigenden Antwort. Von der Kleidergröße bis zu den Schulnoten war bei mir immer alles normal gewesen. Gut, aber eben nicht herausragend gut. Was konnte ich also als außergewöhnlich in meiner Beratung anführen? Zunächst versuchte ich, mit speziellen thematischen Angeboten meiner Besonderheit Ausdruck zu verleihen. Dann mit meinen Publikationen und schließlich mit Referenzen – selbstverständlich von Rang und Namen … Aber egal wie viele Anstrengungen ich unternahm, mit etwas Außergewöhnlichem zu punkten, es gelang mir nicht.

Natürlich war die Lage nicht ganz aussichtslos. Es gab mal hier und da einen Auftrag, was zu einem kleinen plätschernden Taschengeld führte, aber wirklich Land in Sicht war da nicht. Und zu allem Elend streuten Freunde und Kollegen mit ihren wohlmeinenden Fragen zusätzlich Salz in die Wunde: «Na, wie läuft's? Wie sieht die Auftragslage aus? Bist du ausgelastet?» Da verkrampfte sich bei mir regelmäßig alles und ich entwickelte eine zweifelhafte Kreativität, meine Antworten möglichst ausweichend, nichtssagend und unverfänglich zu gestalten.

Was machte ich falsch? Ich führte Gespräche mit anderen selbständigen Beraterkollegen. Aber es schien, dass ich offensichtlich die Einzige auf diesem Planeten war, die das nicht hinkriegte. Bei allen lief es immer super – nein, quatsch, ihr Laden brummte förmlich! Insbesondere bei meinen männlichen Kollegen. Es war erschütternd. Selbstzweifel packten mich und mit jedem Gespräch schwand meine Zuversicht ein Stückchen mehr. Wer sie nie erlebt hat, dem ist sie schwer zu beschreiben, diese schleichende Gewissheit, gescheitert zu sein, versagt zu haben. Ich muss gestehen, ich wollte in dieser Zeit aufgeben. Mehrmals sogar.

Es ist wohl vor allem meinem Mann, ein bisschen auch den Toten Hosen, aber letztlich einem Akquisegespräch fast genau zwölf Monate nach dem Gründungstag zu verdanken, dass es nicht so weit kam.

Es war wieder ein Tag im Juli. Diesmal allerdings bedeckt und drückend. Genau wie meine Stimmung nach bereits zwei enttäuschend verlaufenen Vorstellungsgesprächen. Eigentlich hätte ich mich ja glücklich schätzen sollen, dass ich überhaupt von Firmen eingeladen wurde. Das machte mir mein Gegenüber im letzten Gespräch an diesem Tag auch gleich doppelt unterstrichen klar. «Wissen Sie, bei uns rufen täglich mindestens zehn von Ihrer Sorte an. Ich mache da heute nur eine Ausnahme, weil unser Herr Keller mich darum gebeten hat. Und ich muss auch gleich vorwegschicken, dass ich leider nur eine halbe Stunde Zeit habe.» Na danke! Was für ein charmantes Entrée. Ich war schon völlig entnervt, bevor das Gespräch überhaupt begonnen hatte. War es die Schwüle oder diese permanente Jagd nach möglichst brillanter Selbstdarstellung, die mich so ermüdete? Ich kann es nicht sagen. Auf jeden Fall sorgte dieser Cocktail aus Erschöpfung, Frustration und Hitze dafür, dass ich mich plötzlich genau das sagen hörte, wovon alle Selbst-Branding-Ratgeber, alle Beraterkollegen und überhaupt jeglicher gesunde Menschenverstand abrät: «Okay, dann möchte ich Ihre Zeit auch nicht unnötig strapazieren – meine Geschichte ist schnell erzählt. Ich bin eine völlig normale Managementberaterin, von denen Sie da draußen so viele finden können wie Sand am Meer. Thematisch mache ich genau das, was alle anderen auch machen. Ob ich jetzt besser oder schlechter bin, kann ich Ihnen nicht sagen, das müssen Sie selbst beurteilen. Was ich Ihnen aber sagen kann, ist, was mir bei meiner Arbeit wichtig ist und wo mein Herz schlägt. Gern sage ich Ihnen dann auch noch, wo ich nicht gut bin und Sie folglich mit anderen Kollegen besser fahren.» Es war wohl der Mut purer Verzweiflung, der mich dazu getrieben hatte. Ich wollte ehrlich gesagt nur noch raus und war im Geiste schon im Auto auf dem Weg zur nächsten Tankstelle, um mich mit einem großen Kübel Karamelleis für das Ertragen dieser entwürdigenden Situation zu entschädigen.

Da geschah etwas völlig Unerwartetes. Mein Gegenüber hörte plötzlich auf, demonstrativ uninteressiert mit seinen Unterlagen zu rascheln, hob überrascht den Blick und lehnte sich entspannt in seinen Bürostuhl zurück. War da sogar ein verschmitztes Lächeln? «Das ist aber mal erfrischend ehrlich, Frau Bilhuber. Wissen Sie, Sie können es sich vermutlich nicht vorstellen, aber normalerweise fallen hier immer nur grandiose Tausendsassa ein, die alles können und in allen Themen die Besten der Besten sind! Als gäbe es nur Helden auf dieser Welt! Egal, welches Problem ich anspreche – sie haben immer eine Lösung parat und können einfach alles. Und ich frage mich immer, denken die, wir sind blöd?» Er gestikulierte dabei theatralisch, als hätte er schon lange auf den Moment gewartet, seiner Empörung endlich mal Luft machen zu können. «Sie sind die Erste, die sich traut, auch mal unverblümt zu sagen, was Sie *nicht* können. Das gefällt mir.»

Vielleicht war es Zufall. Es wurde zwar nichts mit einem Auftrag – das wäre wohl auch zu kitschig gewesen. Aber ab diesem Gespräch lief es dann mit meiner Firma und ich habe seither weitaus mehr sonnige als wolkig-drückende Tage als selbständige Managementberaterin erlebt.

Auf jeden Fall markierte dieses Gespräch aber mein erstes Rendezvous mit dem verkannten Potenzial des Normalseins. Es war jener

Moment, in dem ich anfing, bewusst darüber nachzudenken, ob das häufig so verpönte Normalsein vielleicht doch besser war als sein Ruf. Konnte es tatsächlich sein, dass im Normalen eine Quelle zur Einzigartigkeit schlummert? Oder sind wir nicht automatisch zum Verlieren verdammt, wenn wir in einer Gesellschaft, die nach dem «Immer-besser-klüger-erfolgreicher»-Prinzip funktioniert, wagen, *nur* normal zu sein? Das Thema fing an, mich zu interessieren, und ich begab mich mit diesen Fragen – mehr intuitiv als systematisch – auf die Suche nach dem Normalen in unserer Superlativ-Gesellschaft. Als Quelle wählte ich das Leben selbst: Menschen und ihre alltäglichen persönlichen Erlebnisse und Erfahrungen.

Sechs Geschichten von sechs Menschen habe ich aufgespürt, die mich entdecken ließen, dass in einer Selbstoptimierungsgesellschaft wie unserer ein normales Leben kein Makel ist. Im Gegenteil. Ihre Geschichten haben mich gelehrt, dass Normalsein etwas Einzigartiges in sich trägt, das im global zelebrierten Blitzlichtgewitter unserer Bling-Bling-Manie schlicht aus dem Blickfeld geraten ist. Indem diese Menschen wagen, ihr Normalsein zu leben, haben sie auch mich inspiriert, Normalität in meinem Leben nicht als etwas zu betrachten, was dauernd eine Kampfansage braucht, sondern im Gegenteil etwas sehr Schätzenswertes ist. Es vermehrt anklingen zu lassen, kann das Leben ungemein bereichern.

Ich bin diesen Menschen sehr dankbar, dass sie mir erlaubt haben, ihre inspirierenden Erlebnisse hier in ihrer Essenz, anonymisiert und mit diversen fiktiven Details angereichert, zu erzählen und meine persönlichen Reflexionen dazu anzustellen. Sie finden diese Geschichten im Hauptteil dieses Buches, jeweils gefolgt von einem Abschnitt mit meinen Gedanken, was ich daran für bemerkenswert normal halte. Für diejenigen, die interessiert sind, die bemerkenswert normale Seite in ihrem persönlichen Leben wieder etwas mehr anklingen zu lassen, gibt es am Schluss jedes Kapitels noch ein paar Ideen dazu. Eingerahmt wird dieser Hauptteil von einem Einführungskapitel, in welchem ich meine Wieder-Entdeckung des Normalen anhand von Alltagsbeobachtungen schildere, sowie einem Schlusskapitel, in dem ich die Essenz aus allen sechs Geschichten zusammenfasse und die verschiedenen Konturen einer bemerkenswert normalen Lebensgestaltung nochmal gesamthaft beschreibe.

Wer meint, damit nun einen weiteren Ratgeber in den Händen zu halten, der vorgibt zu wissen, wie man ein besseres Leben lebt, der wird enttäuscht sein. Auch ich weiß es nicht besser. Meine Absicht war eine andere. Ich wollte unser heutiges pulsierendes, farbiges, facettenreiches, pralles und reiches modernes Leben verstehen und mit all seiner Widersprüchlichkeit, Vagheit, Unvollkommenheit und Unschärfe aufzeigen. Mit Respekt vor jedem Einzelnen wollte ich auf einer ganz persönlichen Ebene nachvollziehen, wie es uns damit gefühlsmäßig geht und wie wir damit umgehen.

Dieses Buch hat folglich keinen Anspruch auf verallgemeinerbare Wahrheiten. Und so mag der Untertitel *Von der Kunst, ein normales Leben zu führen in einer überdrehten Gesellschaft* vielleicht etwas irreführend oder gar anmaßend erscheinen. Er rechtfertigt sich wohl lediglich durch meine beiden Hoffnungen, von denen ich beim Schreiben beseelt war. Einerseits hoffe ich, dass diese erfrischend lebendigen Geschichten aus dem Lebensalltag uns auf unterhaltsame Weise berühren und ermutigen, über Gegenentwürfe zum Imperativ unseres heutigen Selbstoptimierungs-Lebensideals nachzudenken. Mit einem gewissen Augenzwinkern hoffe ich darüber hinaus, dass ich damit zur Ehrenrettung der verpönten Kategorie des Normalen in unserer Gesellschaft beitragen kann und es vielleicht gelingt, eine neue Anerkennungskultur jenseits unserer vielzitierten «Winner-take-all»-Kultur zu etablieren. In diesem Sinne sind die folgenden Seiten als persönliches Essay und engagiertes Plädoyer zu verstehen, das dem Lebensgefühl aller bemerkenswert Normalen in unserer Gesellschaft gewidmet ist, die uns durch ihre Lebensweise Inspiration und Ermutigung schenken, unser einzigartig normales Leben zu wagen und zu feiern.

Entdeckung

«Das Bessere ist der Feind des Guten.»

Voltaire

Ist das Normale noch zu retten?

Comeback eines verpönten Lebensentwurfs

Besondere Kennzeichen: Keine

Vielleicht kennen Sie das ja. Es gibt Momente im Leben, in denen wir uns fragen, ob die hundert entgegenkommenden Autos die Geisterfahrer sind oder wir selbst. Zum Beispiel wenn wir bei einem netten Abendessen im Freundes- und Bekanntenkreis sitzen und plötzlich feststellen, dass wir uns am Gespräch nicht mehr beteiligen können, weil wir immer noch keinen Marathon gelaufen sind, keinen Viertausender bestiegen oder keinen Abenteuerurlaub im Dschungel verbracht haben. Wenn wir uns ertappen, angesichts der Dreifach-Mama mit makelloser 36er-Figur den Bauch einzuziehen, und uns selbst verdammen, weil wir mal wieder die morgendliche Joggingrunde ausfallen lassen haben.

Wenn die servierten Gerichte ständig kommentiert werden mit «Also, wenn ihr *wirklich* mal etwas Gutes essen wollt, dann müsst ihr …» und wir hoffen, dass wenigstens die Ikea-Herkunft unseres Geschirrs unentdeckt bleibt. Genau wie das fehlende Label der 15-Euro-Bluse aus dem H&M-Ausverkauf, die wir gerade tragen. Wenn wir mit Gefühlen der Scham oder mindestens des Unbehagens kämpfen, weil wir mit den nur durchschnittlichen schulischen

Leistungen unseres pubertierenden Sohnes beim Wer-hat-das-beste-Kind-Poker nicht mehr mithalten können.

Spätestens aber, wenn andere uns erzählen, wie sie ihren spektakulären Management-Job, bei dem sie dauernd um die Welt jetten, ganz locker mit ihrer Familie unter einen Hut bringen und es gleichzeitig auch noch schaffen, ein weltrettendes Start-up zu gründen, ihre Triathlonleidenschaft zu pflegen, und sich aufopferungsvoll für ein Afrika-Projekt zu engagieren, packt uns plötzlich der Selbstzweifel, ob nicht vielleicht doch wir der Geisterfahrer auf der falschen Spur sind. Und so hoffen wir insgeheim auf eine baldige Ausfahrt, die uns eine schnelle Flucht aus dieser Superhelden- und Superheldinnen-Community ermöglicht.

Wenn wir am Abend dann tapfer erschöpft aufatmen und glauben, endlich für einen Moment dieser permanenten Jagd nach gegenseitig überbietender Selbstdarstellung entkommen zu sein, reicht ein kurzer prüfender Blick in den Spiegel, den wir leider immer noch nicht zu vermeiden gelernt haben. Der Anblick unseres schwächelnden Bindegewebes im peinigenden Licht des Badezimmers ruft sie gleich schon wieder auf den Plan, die schmerzvolle Angst vor unserer Unzulänglichkeit. Es sind die Momente, in denen wir unweigerlich erkennen, dass es leider keinen Exit, kein Entrinnen gibt: Willkommen im Zeitalter der Selbstoptimierung!

XXL-Me

Wir fühlen uns wie im Dauer-Casting. Denn der Immer-besser-schöner-klüger-erfolgreicher-Imperativ unserer Selbstoptimierungsgesellschaft beschränkt sich nicht mehr nur auf die klassischen Bereiche von Ausbildung und Beruf. Kein Fleckchen auf unserem Körper, keine Hochzeit, kein Kindergeburtstag, kein Urlaub, kein Hobby, kein ehrenamtliches Engagement bleibt heute ungenutzt, um es nicht zum Jagdgebiet gegenseitiger Überbietung zu erklären. Egal, um was es geht, das Motto heißt mit inbrünstiger Kampfbegeisterung: «Da geht noch was».

Der Wettbewerb ist nicht mehr nur Motor unseres wirtschaftlichen, sondern mittlerweile auch unseres gesellschaftlichen Lebens geworden. In der Folge avancieren Hitlisten zu unserem Lebenselixier, völlig wurscht, ob in Form von «Mein Haus, mein Auto, mein Boot» oder «Meine Followers, meine Likes, mein Game-Level».

Fast unbemerkt frisst sich unser hochgeschraubter Selbstoptimierungsdrang gerade Stück für Stück in all unsere Lebensbereiche und überträgt sich durch die gesteigerte Wettbewerbsorientierung besorgter Eltern auch gleich noch auf die Kinder. Es ist also nur eine logische Konsequenz, dass wir uns heute von der Wiege bis zur Bahre an den Exzessen dieser Optimierungsspirale messen lassen müssen, die uns mit sich selbst verstärkendem medialem Echo tagtäglich in den Ohren dröhnen: Sollten wir unser Kind nicht doch lieber in einen englischsprachigen Kindergarten schicken? Oder vielleicht gleich chinesisch? Sollte ich nicht doch noch einen Auslandsaufenthalt machen? Sollte ich mir nicht auch endlich einen «gezippten» Schlafmodus angewöhnen, um vier Uhr aufstehen, meinen Bizeps trainieren, meditieren oder Yoga machen …?

Je mehr in unserer Gesellschaft nach dem Marktprinzip entschieden wird, desto mehr wird ein Sich-im-Wettbewerb-behaupten-Können zur überlebenswichtigen Kernkompetenz. Dazu gehört in erster Linie, gekonnt herauszustechen und auf sich aufmerksam zu machen. Denn nur, wenn man uns beachtet, sind wir auch gefragt. Für einen Job, als Lebenspartner, als Dienstleister für unsere Kunden oder als Freund. Aufmerksamkeit ist die neue Währung für Anerkennung, Status und Ansehen und damit auch Geld und Macht.

Wir müssen uns also heute vor allem auf eines verstehen: aufs Auffallen und den eigenen Vorteil. Technik sei Dank haben wir dabei mit der Digitalisierung einen sehr potenten Verbündeten gefunden. In einer Welt, in der wir schon fast mehr medial als real (er)leben, reicht es nämlich häufig schon aus, wenn andere uns für den Besten oder Hipsten *halten*. Wir müssen es – uff! – nicht mal mehr zwingend faktisch auch *sein*. Ein bombastischer Jobtitel, ein cooles Foto, ein krasses Video – mit ein wenig algorithmischem Glück haben wir sie dann ruckzuck in unserem Wohnzimmer, die gewünschte soziale Beachtung.

Wie gut wir im Trimmen unseres Marktwertes und im Wettbewerb um Aufmerksamkeit sind, können wir jederzeit in real-time mit einem Klick zu Hause auf dem Sofa überprüfen: Spieglein, Spieglein … Social Media, App & Co. sei Dank, können wir uns im Push-Takt aus jeder erdenklichen Perspektive selbst vermessen. Kein Wunder also, fühlen wir uns unter Dauerbeobachtung. Wenn nicht durch ein unsichtbares Geisterpublikum, dann in jedem Fall durch den strengen Blick von uns selbst.

Ob wir das nun gut finden oder nicht – wir haben begriffen: Wer heute noch in den vorderen Rängen mitmischen will, der kommt wohl oder übel nicht darum herum, sich der Rekordjagd des realen wie digitalen Dauer-Hochsprung-Wettbewerbs unserer Gesellschaft zu stellen.

«Must Do» statt «Just Do»

Also retten wir uns ins Getöse. Wie die rosa Plüschhäschen in der legendären Duracellwerbung trommeln wir uns für ein bisschen Beachtung bis zur Besinnungslosigkeit durchs Leben, ständig unter Strom und mit voller Voltzahl, gespeist von der Hoffnung, dass wir nicht vor den anderen schlappmachen und unser Trommeln irgendwie, irgendwo, irgendwann von irgendwem gehört wird.

Aber während wir uns hypnotisiert vom akustischen King-Kong-Terror des «Me-Kults» auf dem Sofa täglich die Finger wund twittern, dämmert uns langsam, dass die von uns kultivierte Optimierungsobsession nicht spurlos an unserem Seelenfrieden vorbeigeht.

Mindestens gefühlt haben wir den Eindruck, dass der Leistungs- und Anpassungsdruck zugenommen hat, weil es keinen Lebensbereich mehr gibt, der von der Wettbewerbslogik unberührt bleibt. Trotz der vielfältigen Lebenschancen, die unsere Gesellschaft heute bietet, fühlen wir uns paradoxerweise eher wie in einer Zwangsjacke denn frei.

Nicht nur, weil uns die permanenten Benzinpreisvergleiche oder die Frage nach Currywurst oder Tofuschnitzel stressen würden. Sondern – wie es einer der führenden deutschen Soziologen, Heinz Bude, so treffend beschreibt[1] – weil wir entdeckt haben, dass auch wir selbst zum Wahlgegenstand geworden sind. In dem Maße, in dem wir für uns nämlich ganz selbstverständlich in Anspruch nehmen, zu wählen, was wir konsumieren, wo wir arbeiten oder mit wem wir leben wollen, tun das die anderen natürlich auch. Wir müssen also in gleicher Weise darum fürchten – oder besser davor zittern –, von anderen *gewählt* zu werden.

Was, wenn ich auf dem Arbeitsmarkt nicht (mehr) gefragt bin? Was, wenn ich nicht mehr als Lieferant oder Dienstleister von meinen Kunden selektiert werde? Was, wenn ich zu durchschnittlich, zu mittelmäßig bin? Was, wenn ich nicht mehr attraktiv oder hip genug bin, um von jemandem als Lebenspartner oder Freund gewählt zu werden? Was, wenn ich zu normal bin? Und damit unsichtbar oder bedeutungslos werde, gar ganz in Vergessenheit gerate?

Ohne es richtig zu merken, leben wir mit einer Art unterschwelliger Dauerparanoia im Nacken, ein falscher Schritt, eine falsche Entscheidung könnte uns zur bedeutungslosen Randnotiz verkommen lassen oder gar ins soziale Aus befördern. Es ist diese stetig «rieselnde Angst» – um mit Heinz Bude zu sprechen –, die unser Dasein in einen rastlosen Kampf um die Pole-Position verwandelt. Sie befeuert uns unaufhörlich, alle sich bietenden Möglichkeiten auszuschöpfen, um dem «gefährlichen schwarzen Loch» des Normalen zu entkommen.

Nebenwirkungen der Me-Inflation

Mindestens intuitiv ist uns klar, dass eine Gesellschaft, die durch und durch nach dem Wettbewerbsprinzip funktioniert, eine immer kleinere Anzahl von Gewinnern produziert, die einer immer größeren Anzahl von Verlierern gegenübersteht. Und zu Letzteren wollen wir schließlich nicht gehören. So starren wir mit feuchten Händen verstohlen auf die anderen, immer auf der Hut, geschlagen, übertrumpft und ausgestochen zu werden.[2]

Tatsächlich scheint der permanente soziale Vergleich, zu dem wir täglich und überall – und erst recht durch die sozialen Medien – verführt werden, diese latente Unsicherheit eher noch anzuheizen. Studien zeigen, dass es insbesondere der Vergleichsdruck ist, der dazu führt, dass wir uns im medialen Hashtag-Gewitter angesichts des inszenierten makellosen Lebens der anderen ständig minderwertig und unglücklich fühlen.[3]

Nicht ganz verwunderlich können wir gleichzeitig beobachten, wie sich die Statistik der Krankheitstage aufgrund von Burnouts und anderer psychischer Leiden kontinuierlich weiter nach oben schraubt und sich seit dem Jahr 2003 nahezu verdoppelt hat.[4] Auch wenn nicht ganz klar ist, ob das einem tatsächlichen Zuwachs an psychischen Erkrankungen entspricht oder Betroffene heute einfach öfter zum Arzt gehen, stimmt insbesondere einer der angeführten Gründe für diesen Anstieg nachdenklich. Offensichtlich ist es der Druck zur Selbstverwirklichung – beruflich wie privat –, der zu diesem kollektiven seelischen Dammbruch führt.[5] Tatsächlich scheinen jene, die aus ihrem Leben ständig das Maximum herausholen wollen, angesichts steigender Wahlmöglichkeiten besonders zu leiden und eher zu depressiven Verstimmungen zu neigen.[6] Unsere Pflicht zur Selbstwerdung gerät zusehends zur Tortur.

Auf unserer Suche nach Bedeutung und Bestätigung in den gigantischen Galaxien von Möglichkeiten unserer Gesellschaft avanciert der Wettbewerb ganz offenkundig zum einzigen Orientierungspunkt. Unsere Identität wird damit mehr und mehr zum Spielball der Außenwahrnehmung und Resonanz anderer. Die schwer erkämpfte Freiheit eines jeden, seine Individualität und Identität heute selbst erfinden zu können, führt also offenbar nicht zu mehr Autonomie, sondern zu mehr wahrgenommener ideeller wie moralischer Verunsicherung, Angst, Zwang und Erschöpfung. Und das in besorgniserregender Weise vor allem bei der jungen Generation.[7]

Aber auch ohne diese statistischen Hinweise können wir in unserem direkten Umfeld beobachten, dass immer mehr Menschen Mühe haben, den gesellschaftlichen Rhythmus mitzuhalten, nur noch auf Reserve fahren, erschöpft aufgeben oder immer häufiger zu fragwürdigen oder gar selbstschädigenden Hilfsmitteln greifen. Unsere Wohlstandsgesellschaft scheint uns langsam aufs Gemüt zu schlagen. Die erdachte Formel «Mehr Wohlstand, mehr Glück» wandelt sich offensichtlich gerade sukzessive in «Mehr Wohlstand, mehr Stress». Wir sind schlicht müde, ständig nur auf Durchreise zu einem anderen, besseren Leben zu sein. Wir haben sie satt, diese unablässige Jagd nach unserem perfekten Lebensglück, die uns nicht glücklicher, sondern paradoxerweise immer unglücklicher werden lässt. Denn all unserer Bemühungen zum Trotz, weiß es das Glück anscheinend nicht zu honorieren, dass wir es so angestrengt optimieren wollen.

Alternativlos in der Multioptionsgesellschaft

Wir ahnen also, dass da irgendwas grundlegend falsch läuft, wenn wir unser Leben durch und durch nach ökonomischen Kriterien gestalten. Wenn Spontanität nur noch in der Werbung existiert und sich das Familienleben mehrheitlich in Whatsapp abspielt, weil wir uns nur noch selten im «Real Life» begegnen. Wenn alles, was verdient, als echtes, wirkliches Leben aus Fleisch und Blut bezeichnet zu werden, dem Optimierungsprimat zum Opfer fällt: mit der zufällig in der Stadt getroffenen Nachbarin einen Kaffee trinken gehen, spontan Freunde besuchen, endlich mal wieder die Gitarre aus der Ecke holen, nach Herzenslust ein Stück Schwarzwälder Kirschtorte genießen oder die Australienreise machen, von der wir schon lange geträumt haben …

Wir merken, dass uns die permanente Selbstoptimierung genau um das bringt, was wir zu optimieren suchen: unser Leben. Aber welche Alternativen haben wir eigentlich? Oder sind wir unserem selbstprovozierten Gesellschaftstrend zur Selbstoptimierung tatsächlich alternativlos ausgeliefert? Gibt es neben dem Run auf die Superlative, der Jagd nach Konsum- und Lebensmaximierung tatsächlich keine anderen Lebensentwürfe?

Doch. Es gibt sie, die Konsum- und Leistungsverweigerer, die Aussteiger, die den Stecker ziehen und in totaler Askese leben. Zumindest widmete «Der Spiegel» ihnen vor nicht allzu langer Zeit eine ganze Ausgabe.[8] «Less is more» bzw. «Verzicht ist geil» heißt die Devise dieser Lebensentwürfe, die der Leistungs- und Fortschrittshysterie entsagen. Menschen, die nur von Blättern und Pilzen leben oder ohne Geld auskommen und ihre Lebensmittel aus dem Supermarktcontainer besorgen oder beschließen, das Leben nur noch mit hundert Sachen zu verbringen.[9] Aber sind das wirklich brauchbare Alternativen zur Zwangsjacke des Selbstoptimierungprimats? Klingt irgendwie genauso einengend. Obwohl diese Lebenskonzepte uns zum Nachdenken anregen und deshalb für die gesellschaftliche Weiterentwicklung durchaus wertvoll sind, beschleicht einen doch das unbestimmte Gefühl, dass es sich hierbei auch wieder nur um einen verkappten Run auf Superlative handeln könnte. Lediglich mit anderen Vorzeichen: anstelle von maximiertem Konsumrausch maximierte Konsumaskese.

Bleibt uns also wirklich nur die Wahl zwischen Pest und Cholera? Zwischen asketischer Laufsteg-Perfektion à la Victoria Beckham oder genauso inszeniertem Imperfektions-Exhibitionismus à la Lena Dunham, die schräge Nervensäge der Fernsehserie «Girls»?[10] Bietet unsere reichhaltige Multioptionsgesellschaft tatsächlich alles, nur ironischerweise kein Vorbild für eine *normale* Lebensführung? Einen Weg zwischen Exzess und Askese?

Ist das Normale noch zu retten?

Tatsächlich scheinen wir mit der Bezeichnung normal gewaltig auf Kriegsfuß zu stehen. Zumindest hören wir es gar nicht gern, wenn jemand uns oder unseren Lebensstil mit normal bezeichnet. Uns selbst käme es schon gar nicht über die Lippen. Das muffelt gefährlich nach Bohnerwachs, Bratwurst und Irish Moos. Und sofort haben wir das Gefühl, unserer eigenen Beerdigung ein wenig näher zu sein. Normal assoziieren wir mit spießig, faul, wenig ambitiös, gutbürgerlich, angepasst, nichts Besonderes, langweilig und auf jeden Fall mit absolut uncool und nicht erstrebenswert. In unserer Selbstoptimierungsgesellschaft als normal bezeichnet zu werden kommt schon fast einer Beleidigung gleich. Gar nicht erst zu sprechen von mittelmäßig oder durchschnittlich. Da stellen sich bei den meisten von uns alle Haare auf. Streben wir doch permanent danach, besser zu sein als andere, uns vom gewöhnlichen Durchschnitt abzuheben. In unseren Ausbildungen, in unserer Freizeit und vor allem bei unserer Arbeit.

Es ist auch irgendwie verständlich, dass wir dieses Attribut so wenig mögen, wenn man bedenkt, dass einfach nur normal zu sein gerade in der Wirtschaftswelt durchaus auch existenzbedrohlich werden kann. Denn wer stellt angesichts von Unternehmensleitbildern, die eine Winner- oder High-Performance-Kultur predigen und zu einer elitär zelebrierten Talent-Popstarkultur aufrufen, ernsthaft jemanden ein, der bekennt, einfach nur ganz normal zu sein? «Up or out», diese Devise scheinen immer mehr zu fürchten, die sich lediglich hinter vorgehaltener Hand dazu bekennen, dass sie ihren ganz normalen Job einer aussichtsreichen Karriere vorziehen würden.[11]

Aber auch in anderen Lebensbereichen empfinden wir die Kategorie normal in Bezug auf unsere Lebensführung als abwertend. Ja, überhaupt fällt einem seit «Fifty Shades of Grey» nun wirklich kein Lebensbereich mehr ein, in dem es heute noch attraktiv wäre, als normal bezeichnet zu werden.

Lediglich, wenn es aus dem Mund eines Arztes, eines Atomkraftwerkbetreibers oder eines Piloten kommt. Hier sind wir regelmäßig erleichtert, wenn die Diagnose «Alles normal» lautet. In jedem anderen Kontext aber sind wir wohl ähnlich unglücklich oder enttäuscht, wenn etwas *nur* normal ist, wie liebende Eltern über den *nur* vierten Rang ihres Nachwuchses beim jährlichen Skikursabschlussrennen.

Und wenn nicht enttäuscht, so sind wir mindestens gelangweilt und entziehen unsere Aufmerksamkeit, falls mal *nur* von einem Stau und nicht gleich von Verkehrschaos die Rede ist. In dem Maße, wie wir das Normale aus unserem Leben verdammen, verschwindet es auch zunehmend aus unserem Blickfeld.

Das Normale ist besser als sein Ruf

Aber ist dieser diskriminierende Blick gerechtfertigt? Wohin führt es uns eigentlich, wenn alle auf Teufel komm raus versuchen, außergewöhnlich zu sein? Das heißt, wenn alle einen Marathon laufen, eine Schönheits-OP machen, einen Auslandsaufenthalt absolvieren oder das Abitur machen? Dann wird genau das zur Norm und ist schon bald nichts Besonderes mehr.[12] In einer Welt, in der alle außergewöhnlich sind – oder es zumindest sein wollen –, schleift sich das vermeintlich Außergewöhnliche ab und wird plötzlich zum Mainstream, zum Gewöhnlichen. Wie Voltaire bereits wusste: «Nichts langweilt mehr als außergewöhnliche Dinge, die alltäglich geworden sind.»

Die Masse macht also aus etwas Exklusivem genau sein Gegenteil, auch wenn wir es nicht immer gleich bemerken. So wissen wohl die wenigsten von uns, dass es zum Beispiel mittlerweile mehr Rolex-Uhren auf dieser Welt gibt als VW Käfer[13]. Und dennoch sitzen wir immer noch dem Glauben auf, dass eine Rolex-Uhr etwas Besonderes und Exklusives ist. Dabei ist es eigentlich der alte VW Käfer.

Was, wenn wir in Bezug auf unsere Lebensgestaltung dem gleichen Denkfehler aufsitzen? Wenn das Streben nach einem außergewöhnlichen Leben zur Massenveranstaltung, zum Mainstream wird, dann müsste das Streben nach dem Normalen doch wieder etwas Exklusives werden. Könnte es also sein, dass eine normale Lebensführung heute wieder das Potenzial hat, etwas Außergewöhnliches zu sein? Was also, wenn wir uns alle irren, indem wir uns ständig für unser normales, durchschnittliches Leben grämen und frustriert nach einem anderen Leben trachten? Wenn wir glauben, dass das Leben am rechten Rand der Gauß'schen Normalverteilung mit großen anerkannten Erfolgen, Berühmtheit und Reichtum das Erstrebenswertere, das Bessere sei als unseres, im heimeligen dicken Bauch der Normalität? Was, wenn wir dadurch verpassen, zu erkennen, dass es sich vielleicht genau umgekehrt verhält: dass unser normales Leben das Zeug hat, das eigentlich Begehrenswerte, Außergewöhnliche, Bemerkenswerte zu sein?

Normal, aber sexy

Zugegeben, auch ich finde es kaum vorstellbar, dass «normal» tatsächlich das Potenzial zum neuen Aufreger haben soll. Und vielleicht ist es ja auch nur eine Fata Morgana, die ich in unserer überhitzten Größer-am-größten-Gesellschaft da unscharf flimmernd am Horizont wähne. Zumindest aber meine ich, ein paar Unruhestifter in den klassischen Selbstoptimierer-Domänen – wie Mode, Lifestyle, Luxus, Karriere, Freizeitsport – ausmachen zu können. Bezieht man zusätzlich noch die wichtigste Befeuerungsmaschinerie unserer tosenden Vollkommenheitsobsession mit ein – die Werbung –, bin ich doch geneigt, zumindest die Frage gelten zu lassen, ob ein normaler Lifestyle nicht vielleicht doch das Zeug zum Außergewöhnlichen, zum Exklusiven, vielleicht sogar zum Begehrenswerten, definitiv aber zum neuen «sexy» hat. Hier also meine persönliche Liste von zufälligen und unsystematischen Alltagsbeobachtungen, in denen ich das sonst so verschmähte Normale als wiederentdeckte Attraktion oder gar Erfolgsprinzip gewähnt habe:

▶ **Mode: Normaler Alltagslook wird laufstegtauglich.** Wenn wir uns ins Feld der Mode begeben, dann können wir beobachten, dass «normal» hier derzeit Hochkonjunktur feiert. Unter dem Stichwort «Normcore» erobert derzeit ein Modetrend die Laufstege, der total normale Alltagskleidung als modisch preist.[14] Exklusivlabelbekleidung mit dickgedruckten Markennamen auf der Brust war gestern.[15] «In» sind dagegen nun – man glaubt es kaum – die verpönten Jogginghosen mit karierten Hemden aus den großen Einkaufscentern. Gerade Betuchte versuchen mehr und mehr, diesen lässigen Understatement-Schick aus der Mitte unserer Gesellschaft nachzueifern.[16] Er dient sogar den großen High-Class-Modedesignern als «Muse» für ihre Modekollektionen.[17] Und umgekehrt scheint sich die Designer-Elite um Karl Lagerfeld & Co. heute auch nicht mehr zu schade, für Billigketten und deren «normale» Kunden zu arbeiten.[18]

▶ **Lifestyle: Die Sehnsucht nach dem normalen Leben.** Der beobachtbare anhaltende zweistellige Auflagenzuwachs von Zeitschriften rund um Garten, Küche und Natur lässt viele Verlage von Tageszeitungen erblassen, die angesichts ständig sinkender Auflagen um ihr Überleben kämpfen.[19] Daraus ein Comeback eines normalen Lebensstils ableiten zu wollen, ist vermutlich etwas gewagt. Zumindest drückt sich darin aber eine gewisse Sehnsucht nach dem einfachen, normalen und nicht-virtuellen Leben aus.

Vielleicht ist es auch diese Sehnsucht, die erklären kann, warum der gehobene Mittelstand heute oft nicht mehr in bessere Quartiere zu Chefärzten, Bankern und Anwälten umsiedelt, selbst wenn sie es sich finanziell leisten könnten.[20] Es scheint fast so, als glaubten sie, damit ihre Mittelschicht-Herkunft zu verraten. Unabhängig von ihrer Einkommenssituation scheuen sie sich, ihre Verwurzelung in der sogenannten Mittelschicht zu kappen, fühlen sie sich mit ihren alten Studienkollegen und bisherigen Nachbarn innerlich immer noch mehr verbunden als mit der gesellschaftlichen Elite. Vielleicht, weil ihnen bewusst ist, dass Gesellschaften in der Vergangenheit meistens aus ihrer Mitte heraus verändert wurden? Vielleicht aber auch, weil sie einfach nur intuitiv spüren, dass das normale Leben Vorzüge, Qualitäten und ein einzigartiges Lebensgefühl mit sich bringt, das nur mitten in der Gesellschaft entstehen kann?

Sicherer scheint hingegen, dass diejenigen, die wir insgeheim und unausgesprochen beneiden, weil sie all das zu besitzen scheinen, was wir so gern hätten – nämlich Ruhm und Reichtum – immer wieder äußern, wie sehr sie sich ein normales Leben wünschten. Zumindest könnte man die Aussage von Prinz William, er wäre manchmal gern unsichtbar,[21] so verstehen, oder den Werbespruch eines Luxushotels in St. Moritz: «Zum Glück gibt es noch Orte auf der Welt, wo sich kein Mensch nach Ihnen umdreht.» Dass ein normales Leben begehrenswerte Qualitäten für die Upperclass haben könnte, kann man auch daran ablesen, dass Milliardäre öffentlich beginnen, sich über den Fluch des Reichtums zu beschweren. Wie man nachlesen kann, offensichtlich kein Witz, sondern bizarre Realität.[22]

▶ **Luxus: Begehrenswerte Normalität.** Kann das sein? Ist das so verpönte normale Leben tatsächlich luxustauglich geworden? Während wir Normalos alle immer noch vom großen Luxus in Form von Rolex-Uhr, Hermès-Tasche oder Porsche-Cabrio träumen, scheinen wir ganz zu übersehen, dass wir einen Luxus ganz offensichtlich schon haben: in Form von unserem unsichtbaren, langweiligen, normalen Leben. Denn heute scheint Luxus gerade darin zu liegen, sich diesen gar nicht mehr zu leisten. So ist auch in Bezug auf unser Luxus(er)leben offensichtlich gerade ein Paradigmenwechsel im Gange, nach dem Motto: Luxus ist, wenn ich ihn nicht mehr brauche.[23] Satt an Konsum sind wir vor allem hungrig nach immateriellen Unplugged-Erfahrungen: den Sternenhimmel sehen, in der Fankurve den heimischen Fußballclub anfeuern, in der WG Spaghetti kochen und am Küchentisch über Weltpolitik philosophieren oder ganz allgemein Zeit mit der Familie und Freunden verbringen. Je künstlicher unsere Welt wird, desto attraktiver wird für uns wieder das authentische, nicht inszenierte, greifbare normale Leben.

Auch auf der materiellen Ebene findet eine Rückbesinnung auf das schlichte, konkrete, fassbare, naturnahe Elementare statt. Dinge, die mit viel handwerklicher Expertise hergestellt werden, sind heute exklusiver als inflationärer Prunk.[24] Sprich handgemachter Alpkäse statt Kaviar. Das echte, bodenständige, unsichtbar gewordene normale Leben mit all seinen Unvollkommenheiten und Zufällen scheint in einer perfekt optimierten medialen Welt wieder zur begehrenswerten Exklusivware zu werden.

▶ **Karriere: Normale Jobs sind wieder cool.** Zu begreifen, dass ein stabiler und kontinuierlicher vierter Platz gewisse Vorzüge gegenüber einem flüchtigen, sehr riskanten ersten Platz hat, fällt unserer Selbstoptimierer-Seele ausgesprochen schwer. Auch wenn ein aktueller deutscher Hit uns diese Lebensstrategie mit Preisung der Wolke 4 (statt 7) schmackhaft machen will.[25] Aber es fällt auf, dass es immer mehr Menschen zu geben scheint, die ihre Karriereentscheide genau im Sinne dieser Strategie fällen. So können wir beobachten, dass zum Beispiel die Absolventen der Top-Unis immer weniger scharf auf glamouröse Top-Jobs im Banking oder bei Unternehmensberatungen zu sein scheinen, sondern eher etwas Bodenständiges suchen, das mehr Work-Life-Balance und Spaß verspricht. «Normale Jobs scheinen das neue Cool»[26] – das entspricht dem generellen Trend, dass immer weniger Menschen überhaupt noch einen prestigeträchtigen Management-Posten anstreben.[27] Im Gegenteil. Es scheinen sogar immer mehr Menschen bereit zu sein, sich von Jobs mit mehr Geld und Status zu verabschieden zugunsten von Jobs mit mehr Freizeit und Freiheit. «Downshifting» nennt sich dieser Trend, bei dem Menschen freiwillig eine Karrierestufe wieder rückgängig machen bzw. darauf verzichten.[28] Mindestens aber versuchen immer mehr Menschen, sich eine Auszeit – ein sogenanntes Sabbatical – zu organisieren, um sich eine Pause von ihrem stressigen Wettbewerbsleben in der Endlosschleife zu gönnen.

▶ **Freizeitsport: Die Entdeckung der Besonnenheit.** Gerade im Freizeitsport – dieser wohl ältesten Domäne gesellschaftlichen Wettbewerbs – scheinen wir aber nach wie vor besonders anfällig, unsere Optimierungsobsession zügellos auszuleben. Dank Fitness-Armband und ständiger Weiterentwicklung der Extremsportarten bewegen sich mehr und mehr Menschen mittlerweile gefährlich nahe an der Grenzlinie zwischen ambitioniertem Freizeitsportler und Adrenalin-Junkie, was auch schon mal mit dem Tod enden kann. Einzelne Initiativen, die sich für ein besonnenes Sporteln mit Augenmaß einsetzen,[29] wirken eher nur wie der Tropfen auf dem heißen Stein.

Was als Ausgleich zur einseitigen Kopflastigkeit der Arbeit in einer Dienstleistungs- und Wissensgesellschaft gefördert und gepredigt wird, nutzen viele mittlerweile als weitere Leistungs- und Wettbewerbszone. Als Feld, auf dem die Jagd nach Überbietung nach Feierabend weitergeht. Dabei zahlt sich das bewusste und dosierte «Weniger» auch in dieser originärsten Wettbewerbsdomäne offensichtlich als bessere Erfolgsstrategie aus. Die Pause macht den Erfolg. Die Sportwissenschaft weiß mittlerweile, dass die Regenerationsfähigkeit für Unterschiede zwischen Spitzensportlern verantwortlich ist, weniger ein exzessives Training.[30] Und auch bei längeren sportlichen Wettbewerben, wie zum Beispiel einem Marathonlauf, ist offensichtlich das Erfolgsgeheimnis, nicht zu viel zu wollen, sich eher zu mäßigen und zu bremsen und sich vor allem nicht von anderen pushen zu lassen.[31]

▶ **Werbung: back-to-normal.** Marketing und Werbung spielen vermutlich eine ganz maßgebliche Rolle, unseren Selbstoptimierungstrieb immer weiter anzustacheln. Ob in Zeitschriften, Fernsehen oder im Internet, Werbung versteht es auf ganz subtile Weise, den unlöschbaren Durst unseres Egos nach Vollkommenheit jeden Tag aufs Neue zu befeuern und uns zu animieren, unsere Grenzen grenzenlos zu verschieben. Umso erstaunlicher, dass sich auch hier eine Verschiebung von perfekt gestyltem Hochglanz zur lebendig unordentlichen Imperfektion abzuzeichnen scheint. Zurückhaltung statt Verblendungstaktik scheint also als Erfolgsstrategie auch im Marketing und der Werbung wieder im Kommen.

Während wir früher mit Superlativen überzeugt werden sollten, hören wir heute auch schon mal Sätze wie: «Es geht nicht ums Gewinnen. Es geht nicht darum, der Beste zu sein. Ich snowboarde, weil es mein Leben ist.»[32] Mit dieser Anti-Wettbewerbs-Formel scheint Samsung genauso den Zeitgeist zu treffen wie Schöffel mit seiner «Ich bin raus»-Werbung[33] oder Mercedes mit der Frage: «Wann haben Sie das letzte Mal gemacht, was sie wollten – nicht, was sie sollten?»[34]

Das prominenteste und konsequenteste Beispiel einer Produktwerbung, die bereits seit einigen Jahren auf den Antitrend zur hysterischen Statussymbollogik setzt, ist wohl die Automarke Dacia. Mit Sätzen wie «Alle die, die ganz nach oben wollen, die nach Bewunderern suchen, um mit ihrem Erfolg zu glänzen, die haben hier nichts verloren» wird hier sogar versucht, das Nichtprestigeträchtige selbst zum neuen Statussymbol zu erheben.[35]

Am liebsten aber würde ich es der Firma Valser Wasser aus dem Valser Tal in der Schweiz zuschreiben wollen, die mutigen Pioniere in der Propagierung der Gegenthese zum Optimierungstrend gewesen zu sein. Bereits 1990 bewarb die Firma ihr Wasser mit dem Slogan «Alles wird besser – Valser bleibt gut».[36] Jüngste Bemühungen, im Valser Tal nun das höchste Hotel der Welt als Luxusurlaubsdomizil der Superlative für Superreiche zu erbauen,[37] stimmen mich allerdings nachdenklich, ob nicht vielleicht doch eher mein Wunsch Vater des Gedankens war, in diesem jahrhundertealten Bergdorf den weisen Propheten eines gesellschaftlichen Wertewandels sehen zu wollen.

Anders? Ja, normal!

Klingt ja alles schön und gut. Das Normale scheint also doch nicht ganz so unattraktiv, wie wir das gemeinhin denken. Aber jetzt mal ehrlich: Ist es nicht ziemlich gewagt, daraus ein Lebensideal abzuleiten? Können wir es uns überhaupt leisten, ein normales Leben zu führen? Was passiert, wenn wir tatsächlich akzeptieren, nur normal, nur Mittelmaß zu sein? Landen wir dann nicht aussortiert auf dem Ausverkaufstisch der Nation und verkommen zum Ramsch, zur zweiten Wahl, zum Auslaufmodell der Gesellschaft? Sind wir dann nicht automatisch die Ewiggestrigen, gehören zu jenen, die hinten runtergefallen und raus aus dem Spiel sind, wie es Heinz Bude in *Gesellschaft der Angst* so treffend umschreibt?[38] Diese Frage muss am Ende jeder für sich selbst beantworten, denn jeder Mensch und jedes Leben ist einzigartig und verdient auch eine individuelle Antwort.

Ich hatte das wunderbare Privileg, Menschen zu treffen, für die sich der Mut zum Normalsein ausgezahlt hat. Es war nicht ganz einfach, diese Menschen und ihre Lebensgeschichten zu finden, denn es liegt in der Natur einer normalen Lebensführung, dass sie ohne großes Aufmerksamkeitspotenzial auskommt, wenig auffällig, unaufgeregt und unscheinbar ist.

Die Geschichten, die ich aufgespürt habe und auf den folgenden Seiten erzähle und kommentiere, beherbergen für mich alle den Sound eines bemerkenswert normalen Lebens. Mit ihrer Hilfe durfte ich lernen, wie sich «bemerkenswert normal» im konkreten Leben Ausdruck verleiht. Bei großen Lebensentscheidungen genauso wie in ganz alltäglichen kleinen Dingen. Ich durfte nachvollziehen, wie sich diese Menschen gerade in auswegloser Lage oder angesichts größter Versuchungen zu einem Bekenntnis zum Normalen, zum Gemäßigten durchgerungen haben. Für sie alle hat sich das Wagnis «Normalsein» gelohnt.

Ihre Geschichten können uns vielleicht inspirieren, darüber nachzudenken, wie es gelingen kann, sich dem Optimierungsprimat zumindest ein bisschen unwilliger zu unterwerfen.

Spurensuche

«Gewinnen können statt siegen müssen»

Peter Gruber

Ungeplante Kraft

Zwischen durchgetaktet und planlos

Endlich Sonntag, freute sich Christine. Die fertigen Rouladen schmorten im Backofen und dufteten bereits verführerisch. Die dampfenden Kartoffeln hatte sie schon fertig zu Kartoffelbrei gestampft. Natürlich von Hand. Christine war in einfachen Verhältnissen aufgewachsen. Eine Küchenmaschine hatte damals schon nicht dringelegen und auch heute wertete Christine ein solches Gerät immer noch als verzichtbaren Luxus. Schnell noch ein wenig Muskatnuss unter den Kartoffelbrei heben – fertig. Sie hatte sich mal wieder selbst übertroffen mit ihrem sonntäglichen Meisterwerk, dachte sie selbstzufrieden. Und auch planerisch hatte sie eine Punktlandung hingelegt: genau zwölf Uhr.

Stolz balancierte sie Rouladen, Soße und Kartoffelbrei gekonnt auf zwei Händen an den gedeckten Tisch, geübt durch ihre frühere Serviertätigkeit. Ein eigenes Café war immer ihr Traum gewesen. Aber ihr Job als Buchhalterin bei der Autowerkstatt ums Eck war für sie als Alleinerziehende schlicht besser mit den Kindern vereinbar. Aber einmal im Jahr ließ sie es sich nicht nehmen, im nahegelegenen Bistro auszuhelfen, wofür sie sogar gern ein paar Tage Ferien opferte.

«Ben, Jan, Paul, Jasmin – Essen ist fertig!», rief sie beschwingt ihre vier Kinder und nutzte die Zeit, noch schnell ein paar Servietten aus dem antiken Schrank ihrer kürzlich ins Altersheim übergesiedelten Mutter zu holen. Voller Vorfreude setzte sich Christine an den gedeckten Tisch.

«Ben, Jan, Paul, Jasmin – kommt ihr jetzt bitte? Wird doch sonst alles kalt!»

Jasmin kam als erste die Treppe heruntergeschlurft. Ihre jüngste Tochter – immerhin auch schon sechzehn – torkelte schlaftrunken in Schlabber-Jogginghose und T-Shirt an den Tisch. Sie konnte die Augen kaum offen halten. Es war unübersehbar, dass sie gerade erst dem Bett entstiegen war. «Guten Morgen, Madame! Auch schon wach?», frotzelte Christine mit spitzem ironischem Unterton, den nur Teenager-Eltern so perfekt draufhaben und den Christine zugegebenermaßen auch schon an ihrer eigenen Mutter gehasst hatte. Aber sie konnte es nicht lassen. «Komm, kämm dir wenigstens nochmal schnell die Haare, bis deine Brüder da sind! Abmarsch», forderte Christine sie kopfschüttelnd auf. Ihre Tochter gehorchte anstandslos. Manchmal war Übernächtigung auch ein Segen, dachte Christine. Immerhin keine Widerworte.

Christine blickte auf die Uhr. Oben rührte sich immer noch nichts. Langsam, aber unaufhaltsam kippte ihre Ungeduld in Missstimmung um. «Jungs, runterkommen! Aber pronto!», trompetete sie in Militärmanier und einige Dezibel lauter Richtung Obergeschoß.

Ihre drei Teenager-Jungs zwischen siebzehn und neunzehn schafften es wieder einmal, sie bis aufs Blut zu reizen. Da rackerte sie sich tagtäglich ab, um diese hungrigen Mäuler zu stopfen, schmiss als Alleinerziehende nebenher noch den Garten und den Haushalt ihres kleinen Vorstadt-Miethäuschens, boxte ihre Kinder durch die Lehre, holte sie vom Polizeirevier ab, wenn sie mal wieder mit ihren getunten Mofas erwischt wurden, und stellte sich auch sonntags noch regelmäßig zwei Stunden in die Küche, um ihnen ein ordentliches Mittagessen und ein bisschen heiles Familienleben zu servieren. Und was war der Dank? Sie waren nicht mal in der Lage, pünktlich am Tisch zu erscheinen! Dabei wussten sie doch, wie wichtig es ihr war, dass sie wenigstens einmal in der Woche zusammen aßen. Jeden Sonntag das gleiche Theater!

Das Blut der Mittvierzigerin brodelte. Sie stand entschlossen auf und marschierte direkt ins Badezimmer. Mit lautem Geklapper fummelte sie einen Eimer aus dem völlig überfüllten Putzschrank heraus und füllte ihn unter dem erschrockenen Blick ihrer sich in Zeitlupe kämmenden Tochter mit eiskaltem Wasser.

Zwei Stufen auf einmal nehmend jagte sie die Treppe hoch und stand in Nullkommanichts im Zimmer ihrer wie narkotisiert schlafenden Söhne Jan und Ben und schüttete beiden ohne Voranmeldung schonungslos das eiskalte Wasser ins Gesicht. Ihre empörten Aufschreie ignorierend preschte sie weiter ins Nachbarzimmer, wo sie die Prozedur an ihrem Sohn Paul wiederholte.

«So, Herrschaften. In drei Minuten unten am Tisch. Ist das klar?!», schmetterte sie im Befehlston und stiefelte wutschnaubend die Treppe runter, zurück an den Tisch, an dem ihre Tochter – nun mit einigermaßen gekämmten Haaren – bereits wieder saß.

Es dauerte keine Minute, da stürzte Ben in die Küche, das Handtuch, mit dem er die Spuren der unfreiwilligen Gesichtsdusche beseitigt hatte, noch in der Hand. «Spinnst du eigentlich?», blaffte er hitzköpfig und baute sich sichtlich verärgert vor seiner Mutter auf. Seine glasigen Augen ließen etwas zu große Pupillen erkennen. «Was soll der Scheiß?», rief er wild gestikulierend. Christine war auf hundertachtzig. «Wie redest du denn mit mir?», keifte sie aufgebracht zurück. Sie war extra aufgestanden, um der Hilflosigkeit, die in ihrem Satz mitschwang, nicht auch noch physisch Vorschub zu verleihen. Doch sie hatte verdrängt, dass die Zeiten, in denen die Kinder zu ihr aufblickten, längst vorbei waren. Ben überragte sie bereits um zwei Köpfe und sie kam sich fast noch machtloser vor, wie sie mit hochrotem Kopf, die Hände in die Hüften gestemmt, genötigt war, zu ihm aufzuschauen. «Ist es wirklich zu viel verlangt, dass ihr einmal in der Woche pünktlich seid?», hörte sie sich mit überschlagender Stimme kreischen wie eine Trillerpfeife. «Mann, du bist echt ätzend. Du nervst mit diesem Mittagessengetue», antwortete Ben gereizt. «Wieso musst du immer alles planen? Kiff mal eine, dann kommst du vielleicht auch mal ein bisschen runter!»

Christine schnappte nach Luft und wollte schon zum üblichen elterlichen Schlussbouquet ansetzen: «Solange du deine Füße unter meinen Tisch …» usw. Aber ihr Ältester ließ sie einfach stehen, drehte sich um und verschwand wieder im Obergeschoß.

Christine war sprachlos. Wie gelähmt stand sie da und blickte auf die mittlerweile erkalteten Rouladen und ihre bleiche und immer noch apathisch wirkende Tochter.

Plötzlich war sie da, diese Klarheit, ohne dass Christine sie eigentlich gesucht hatte. Und sie tat zum ersten Mal etwas, was sie sich in ihrem pflichtbewusst durchorganisierten Leben als alleinerziehende Mutter vorher nie gestattet hatte. Sie ließ alles stehen und liegen, zog ihre Schürze aus, griff nach dem Autoschlüssel, setzte sich in ihr Auto und fuhr einfach los. Ohne Plan, ohne Ziel.

Spontan entschied sie, eine alte Freundin zu besuchen, mit der sie zusammen die Ausbildung als Bürokauffrau gemacht hatte und die in einem alten Bergdorf fernab jeglicher städtischen Zivilisation wohnte. Die freute sich wie eine Schneekönigin, Christine nach so langer Zeit endlich mal wieder zu sehen. Schnell hatte sie Christine überredet, mit ihr eine Wanderung zu einem nahegelegenen Alpsee zu machen. Das Laufen und Schwitzen in der traumhaften Berglandschaft war heilsamer Balsam auf Christines verwundete Seele! Wie wenig es doch manchmal brauchte, um runterzukommen und sowas wie Freiheit und Glück zu spüren, dachte sie. In genau diesem

Moment wurden sie von einem Wolkenbruch überrascht. Völlig durchnässt und mit Wasser in den Schuhen kamen sie am Alpsee an und suchten sofort Unterschlupf in der nahegelegenen Alpwirtschaft.

Die Kleider klebten auf ihrer Haut, ihre Haare tropften. Normalerweise hätte sich Christine maßlos darüber aufgeregt, dass sie keine Regensachen mitgenommen hatten. Aber irgendwas ließ sie stattdessen lachen. Wann war sie eigentlich das letzte Mal vom Regen völlig durchnässt worden? Es musste als Kind gewesen sein. Sie kam nicht drauf. Irgendwie hatte diese Situation ja auch etwas unverfälscht Einmaliges. Der Alpwirt brachte ihnen ein Handtuch und klopfte lachend mit einer Hand auf die mit weiß-rot karierten Kissen belegte Ofenbank des kuschelig warmen Kachelofens. Eine Stunde später saßen Christine und ihre Freundin wieder einigermaßen trocken bereits beim zweiten Kaffee in gesellig-heiterer Runde mit einem Wanderer, der ebenfalls vom Regen überrascht worden war, und dem Älpler, der gerade Pause machte und sich ebenfalls zu ihnen gesetzt hatte. Sie erzählten und lachten miteinander, als würden sie sich bereits Jahre kennen. Es muss der Charme des Einfachen sein, dachte Christine, der völlig fremde Menschen auf so ungezwungene und natürliche Weise zusammenkommen ließ.

Als Christine am Abend wieder in ihrem Auto saß und nach Hause fuhr, war sie erfüllt wie schon lange nicht mehr. Sie war überrascht, wie reich sie vom Leben beschenkt worden war, so ganz ohne dass sie es geplant hatte. Was ursprünglich als Akt purer Verzweiflung begann, sollte sich für Christine als Schlüsselerlebnis entpuppen, das ihr Leben veränderte. Es wurde der Moment, in dem sie wohl mehr unbewusst als bewusst entschied, mehr Leben in ihre Tage zu lassen, statt immer mehr Tage aus ihrem Leben herauszuholen.

Und so ist es mittlerweile Christines liebstes Hobby geworden, dem Ungeplanten ganz bewusst mehr Platz in ihrem Leben einzuräumen. Planen, was im Urlaub gemacht wird? Fehlanzeige. Wer mit Christine in den Urlaub fährt oder mit ihr einen Ausflug macht, der muss sich drauf gefasst machen, dass Unvorhergesehenes und Spontanes passiert. Und sie bekommt immer ganz glänzende Augen, wenn sie von diesen planlosen Abenteuern zu Fuß, mit dem Auto oder dem Fahrrad schwärmt. «Das ist im Kopf so herrlich befreiend, einmal nichts müssen, einfach spontan entscheiden. Dir steht die ganze Welt offen und du erlebst, was grad da ist, ohne jegliche Vorstellung im Kopf, ohne Wissen, wie es weitergeht. Dich findet, was du nicht gesucht hast – das ist einfach Freiheit pur!»

Rückblickend ist Christine ihren Kindern also irgendwie sogar dankbar für diesen legendären Sonntag. Das, was sie aber im Nachhinein am meisten freute, wartete erst ein paar Wochen später auf sie. Es war Sonntagabend und sie kam gerade mal wieder von einem ihrer geplant ungeplanten Ausflüge zurück. Als sie die Haustür aufschloss, staunte sie nicht schlecht. Sie fand alle ihre Kinder in der Küche betriebsam rumwerkeln. Sie hatten den Tisch gedeckt. Sogar Kerzen hatten sie aufgestellt. Es schien, als hätten sie tatsächlich ein vollumfängliches Menü gekocht. Wenn auch im Wesentlichen bestehend aus Backofen-Pommes, Schnitzel und Ketchup. Christine interpretierte es als eine Geste der Entschuldigung, die sie auch ohne große Worte verstand und die sie tief beglückte. Sie verzichtete auf jegliche weitere Kommentare, was sich als weise erwies und ihr eine fröhlich lachende Sonntagabendrunde mit ihren Kindern bescherte.

Seither wurde das sonntägliche Mittagessen komplett gestrichen. Stattdessen kochen nun ihre Kinder immer abwechselnd am Sonntagabend. Und jetzt ist es Christine, die pünktlich zu Hause sein muss.

Was ich bemerkenswert normal an dieser Geschichte finde

Was mich an Christines Geschichte so fasziniert, ist nicht so sehr, wie sie Beruf und Familie als Alleinerziehende ohne Nanny und Putzfrau unter einen Hut bringt. Auch wenn das ebenfalls bemerkenswert ist. Es ist vielmehr, dass Christine es geschafft hat, sich ihre Fähigkeit zur Spontanität zu bewahren. Ganz bewusst befreit sie gewisse Zeiten vom Ziel, Dinge möglichst effizient zu tun. In diesen Zeiten macht sie genau das Gegenteil: Einfach ohne Plan losziehen, wie sie es nennt. Eigentlich sollte das etwas völlig Normales sein. Bezeichnenderweise ist das aber heute keineswegs mehr so normal.

Denn, wenn wir ehrlich sind, müssen wir feststellen, dass wohl die meisten von uns ihre Freizeit den gleichen Effizienzkriterien unterwerfen, wie unsere Arbeitstätigkeit. Mit Checklisten werden Geburtstage und Freundeseinladungen im regelmäßigen Turnus abgehakt, nicht ohne zu notieren, was wir dieses Mal gekocht haben, damit wir das nächste Mal nicht das Gleiche auftischen. Die Höhenmeter der Wanderroute werden so kalkuliert, dass wir auch einen Trainingseffekt auf unserem Fitness-Tracker sehen. Und die vielen abonnierten Kanäle und Zeitschriften werden am Sonntagabend noch schnell auf dem iPad quergelesen, damit wir in der Kaffeepause am Montag in Sachen Politik, Wirtschaft und Lifestyle mitreden können.

Und auch unsere Erholung haben wir gern fest im Griff. Unser Urlaub ist die Abfolge effizient geplanter und getakteter Termine geworden. Egal, ob Museumsbesuch oder Wellnessbehandlung – wir sind relativ schnell verärgert, wenn nicht alles so klappt, wie wir es geplant haben. Schnell kann es für uns zum Drama ausarten, wenn alle Strandliegen belegt sind, wir uns verfahren haben, im Restaurant mal etwas länger auf unser Essen warten müssen oder wir im Flughafen nicht gleich den kürzesten Weg zum Gate finden.

Während also die meisten von uns in ihrer Freizeit auf eine effiziente Abfolge von vorgeplanten Ereignissen nicht verzichten wollen, tut Christine genau das: sie verzichtet auf Optimierung. Sie sorgt also nicht einfach nur für Freizeit als Ausgleich zur Arbeit. Nein, sie macht zusätzlich noch etwas anderes: sie gestaltet Teile ihrer Freizeit ganz bewusst nicht nach den gleichen Effizienzkriterien wie ihren Alltag. Sie verschafft sich Möglichkeiten, in denen sie Zeit verlieren darf – und scheint sie genau dadurch zu gewinnen. In Form von Lebensqualität. Wenn sie also ohne Hotelreservierung in den Urlaub fährt, nimmt sie in Kauf, dass es länger dauert, bis sie eine Unterkunft vor Ort gefunden hat. Gleichzeitig gewinnt sie aber dadurch unzählige Gelegenheiten, Straßen, Quartiere und einheimische Menschen kennen zu lernen und vielleicht auf besondere Begegnungen und Erlebnisse der Gastfreundschaft zu stoßen.

Indem sie das Risiko eingeht, ineffizient vorzugehen, wird der Weg zum Ziel und sie erreicht damit, was wir alle suchen: ein erfülltes Leben. Es ist das Gefühl, das Kinder jedes Jahr mit leuchtenden Augen vor dem Weihnachtsbaum haben: die Freude, sich vom Leben und seinen Geschenken überraschen zu lassen. Genauso wird Christines Risiko zum Ungeplanten belohnt mit Geschichten, Erlebnissen, Momenten und Begegnungen, die sie nie gesucht hat und genau deshalb nicht so schnell vergessen wird. Und mal ganz ehrlich: Sind es nicht genau jene Geschichten, die wir beim Abendessen mit Freunden immer und immer wieder begeistert erzählen? Wenn etwas anders lief als geplant? Etwas geschah, was wir gar nicht erwartet hatten?

Christine gewinnt aber noch etwas anderes. Das Gefühl, für einen gewissen Moment die Entscheidungshoheit über ihr Leben selbst in der Hand zu haben und nicht von ihrem Kalender, ihren Kindern, ihrem Beruf oder ihren sonstigen Verpflichtungen getaktet zu sein.

Es ist also die Fähigkeit, Ungeplantes im Leben bewusst zuzulassen, die uns Genuss, Muße, Regeneration, Lebensfreude und Vitalität bescheren kann und die paradoxerweise einhergeht mit dem Gefühl, das eigene Leben selbst im Griff zu haben. Dass Christine sich trotz ihres stressigen Alltags als Alleinerziehende eine solche Lebensqualität erhalten kann, ist wohl ihrer Fähigkeit zu verdanken, dass sie beides kann: Einerseits beherrscht sie Effizienzoptimierung in ihrem Alltag. Andererseits pflegt sie aber genauso auch die Fähigkeit zur Spontanität, was ihr im Wechsel offensichtlich ein er-fülltes und nicht nur ge-fülltes Leben beschert.

Tatsächlich weisen zahlreiche Fachexperten heute darauf hin, dass die Fähigkeit, im «Jetzt» zu leben – die Christine ganz offensichtlich beherrscht –, maßgeblich zu einem gesunden und stressfreien Lebenswandel beiträgt. Und so werden wir in vielen Ratgebern und Kursen von Psychologen, Krankenkassen, Gurus und Meditationslehrern zu mehr Achtsamkeit ermahnt und angeleitet, weil es als effektivste Stress- und Burnoutprophylaxe gilt, ja sogar als das neue «psychische Antibiotikum» für unser Immunsystem gepriesen wird.[39]

Es ist bezeichnend, dass wir diese normale Fähigkeit, im «Jetzt» zu leben, uns heute so mühevoll wieder zurückerobern müssen. Umso bemerkenswerter finde ich, dass Christine das ganz intuitiv geschafft hat. Ohne die Hilfe von Ratgebern, einem teuren Wellnessurlaub oder einer Finca auf Mallorca. Und auch ohne Medikamente, ohne ein Burnout gehabt oder buddhistische Meditationskurse besucht zu haben.

«Bemerkenswert-normal-Soundcheck»

Haben Sie schon mal bewusst das Planlose zum Ziel erklärt? Klingt trivial? Ich habe das neulich mal probiert und muss offen gestehen, ich bin kläglich gescheitert. Voller Neugier bin ich auf mein Mountainbike gestiegen, ohne Ziel, lediglich mit der Absicht, mich einfach mal treiben zu lassen, wie man so schön sagt. Gelandet bin ich dann doch wieder auf meiner üblichen Route. Mut, Phantasie, Abenteuerlust und Vertrauen haben wohl nicht ausgereicht. Meine übermäßig trainierte Kontrollinstanz hat mal wieder gesiegt. Mag sein, dass ich ein besonders schwieriger Fall von infiziertem Optimierungswahn bin. Aber es hat mir auf jeden Fall gezeigt, dass es gar nicht so einfach ist, unsere Gewohnheit, alles effizient zu planen, mal bewusst außen vor zu lassen. Oder mit anderen Worten: Nichtoptimierung will auch gelernt sein. Wir müssen sie wohl genauso üben wie das Optimieren.

Natürlich soll das hier kein Plädoyer für Ineffizienz und Planlosigkeit sein. Wer meint, es ginge darum, dass wir unsere wunderbare Fähigkeit zur Effizienzoptimierung über Bord schmeißen, der hat mich falsch verstanden. Im Gegenteil. Es geht umgekehrt darum, die Fähigkeit zum Ungeplanten nicht zu verlieren. Eine Fähigkeit, die uns zu tatsächlicher und nicht nur scheinbarer Regeneration und oft auch wieder zu Lebensvitalität und Freude verhilft. Sonst kann uns passieren, dass wir auf unserer permanenten Jagd nach dem Zeitgewinn das eigentliche Leben schlicht verpassen. Wie John Lennon es einst so treffend formulierte: «Das Leben ist das, was passiert, während du eifrig dabei bist, andere Pläne zu machen.» Sicher kein Zufall, dass dieses Zitat von einem Künstler stammt. Denn nichtoptimierte Zeiten sind insbesondere auch ein fruchtbarer, wenn nicht sogar notwendiger Boden für Kreativität. Wer also nebst Optimierungsfähigkeit auch ab und zu die Nichtoptimierung beherrscht (selbstverständlich ohne damit anderen oder unserem Planeten zu schaden), der hat vermutlich die besten Karten für ein erfülltes Leben.

Erfahrungsgemäß fällt es genau jenen unter uns besonders schwer, auf Optimierung zu verzichten, die sehr gekonnt effizient durchs Leben marschieren. Nicht selten bescheren uns dann Situationen, die – ob gewollt oder ungewollt – nicht ganz optimal verlaufen, zunächst mal ein unangenehmes Gefühl, das von Genervtsein bis hin zur cholerischen Wut über den Kontrollverlust reichen kann. Da müssen wir wohl oder übel erstmal durch, wenn wir das Ungeplante und Spontane in unserem Leben wieder anklingen lassen wollen. Am besten geht das vermutlich in der Freizeit oder im Urlaub. Hier drei Ideen dazu:

«Lieblingsort-Caching»: Wie wäre es, wenn wir die Planung unseres Urlaubs – oder zumindest einen Tag davon – mal in die Hände von unseren Kindern geben? Oder von unseren Freunden? Oder von Einheimischen? Lassen wir uns doch einfach einen Tag von ihnen zusammenstellen und uns von ihren Ideen überraschen, führen und mitreißen. Wir gehen auf Entdeckungstour jener Dinge, die sie begeistern, Orte, die sie gerne aufsuchen, und Aktivitäten, die sie gerne tun. Und riskieren dabei auch ganz bewusst mal Langeweile, uns ihrem Bedürfnis nach Rumlungern oder Nichtstun anzupassen oder uns mit ihnen an Burger, Pommes und X-Box zu erfreuen …

Nur ein Ereignis pro Sonntag: Sonntagmorgen zum Sport, weiterhetzen zum Mittagessen bei den Eltern, schnell umziehen und abends noch mit Freunden ins Konzert? Wie wäre es mal mit ausgedehntem Single- statt vielfachem Multitasking? Dass wir oft das Gefühl haben, die Zeit rast und wir gar nicht mehr wissen, was wir alles gemacht haben, liegt häufig daran, dass wir dem Vorlauf und dem Nachklang einer Aktivität nicht mit gleicher Aufmerksamkeit begegnen. Verläuft der Vorlauf eines geplanten Ereignisses im Stress, erleben wir oft auch das Ereignis selbst als nicht besonders wohltuend. Nehmen wir uns zudem nicht die Zeit, es in Ruhe nachklingen, es nochmal geistig Revue passieren zu lassen, dann fehlt uns nachher die Erinnerung daran. Wie wäre es also, mal nur ein Ereignis pro Sonntag einzuplanen, dafür aber Vorlauf- und Nachklingzeit voll auszukosten? Sich ganz in Ruhe für ein Konzert schick machen, das Kleid noch bügeln und danach mit dem Liebsten noch bei einem Gläschen schwelgen? Das wird mit Sicherheit ein unvergesslicher Abend …

Jeden Tag ein «erstes Mal»: Wir Menschen sind oftmals Gewohnheitstiere. Sogar im Urlaub oder Ausland zieht uns oft unbewusst das Gewohnte an: das urige Restaurant, wo wir letztes Jahr schon waren, oder wir landen bei Starbucks, weil wir da wenigstens sicher sind, was wir bekommen. Dagegen ist auch nichts einzuwenden. Aber wenn wir dieser Gewohnheit auch mal ganz bewusst ein Schnippchen schlagen wollen, dann könnten wir uns vornehmen, mindestens einmal am Tag etwas zu tun, was wir noch nie vorher getan haben. Das kann ein Ort sein, an dem wir noch nie waren. Das kann eine Sportart oder Aktivität sein, die wir noch nie gemacht haben. Wir könnten ein Gericht kochen, was wir noch nie gekocht haben, oder einen fremden Menschen auf der Straße ansprechen. Je mehr es uns Überwindung kostet, desto mehr werden wir uns vermutlich nachher wieder lebendig fühlen.

Glückliche Null

Zwischen Botox- und Detoxwahn

Seine maßgeschneiderten schwarzen Lederschuhe sanken bei jedem Schritt im matschigen Waldboden ein wenig mehr ein. Thorsten Schulte war allein. Nur ein paar zwitschernde Vögel und das entfernte Rauschen des Verkehrs der nahegelegenen Autobahn, ansonsten war es still um ihn herum. Er erinnerte sich nicht mehr, wann er das letzte Mal allein gewesen war. Noch dazu in einem Wald. Als Geschäftsführer einer mittelständischen Konzerntochter diktierte seit fünf Jahren die Firmenagenda sein Leben – und das seiner Familie. Er blieb stehen und atmete die Stille ein. Ein wohltuender Kontrast zu dem ohrenbetäubenden Gefühlschaos, das in seinem Inneren tobte. Unaufhaltsam.

Es war Montagmittag und keine zwei Stunden her, dass er vom Sicherheitspersonal wie ein Verbrecher aus der Firma hinausbegleitet worden war. «Ab sofort freigestellt» lautete das gnadenlose Urteil des Konzernchefs. Er konnte gerade noch das Foto seiner Familie und ein paar persönliche Sachen aus seinem Büro einpacken. Dabei war er das Bilderbuchbeispiel einer gelungenen, permanent aufsteigenden Karriere gewesen. Vom Stabschef zum Abteilungsleiter und weiter zum Geschäftsführer in nur fünf Jahren – und nun das. Sein Chef hatte befunden, er sei einfach nicht mehr der Richtige. Da war es auch nicht besonders tröstlich, dass es auf seiner Stufe durchaus üblich war, Trennungen in Form von sofortiger Freistellung zu vollziehen. Er fühlte sich, als hätte man ihm die Beine weggerissen, ihn in den Dreck geworfen. Entmachtet. Dieser jähe Sturz vom Thron ins Nichts offenbarte ihm ein Gefühl, das er bislang nicht kannte: die Angst vor der Bedeutungslosigkeit.

Er war gescheitert. Um diesen Satz laut aussprechen zu können, brauchte er ein halbes Jahr und mehrere Coaches. «Geht nicht, gibt's nicht» war bislang seine Devise gewesen. Besessen vom Wunschbild einer stetig aufsteigenden Lebenslinie nach gesellschaftlichen Maßstäben, war er überzeugt, dass sich alles machen ließe, wenn man nur den nötigen Willen aufbrachte und die Anstrengung nicht scheute. Dafür wurde zur Not auch schon mal die Wahrheit zurechtgebogen oder mindestens gedanklich passend gemacht. Aber jetzt gab es nichts mehr zu tricksen, zu täuschen oder zu beschönigen. Er war gezwungenermaßen auf dem gefürchteten Nullpunkt gelandet. Was für eine demütigende Situation. Wie sollte er nach diesem beschämenden Rauswurf jemals wieder Fuß fassen und da draußen Vertrauen für seine Fähigkeiten gewinnen können? Insgeheim wähnte er seine Karriere am Ende. Welcher Headhunter und Vorstandsvorsitzende würde wohl einem fristlos Entlassenen noch eine verantwortungsvolle Position zutrauen? Doch es kam anders.

Es war ein gewöhnlicher Dienstagmorgen, der sich für Thorsten aber noch als ziemlich ungewöhnlich entpuppen sollte. Er stand in der Eingangshalle eines mittelständischen Betriebs, von dem er zuvor noch nie gehört hatte. Wieder eine Konzerntochter. Die Uhr zeigte 7:55. Auf acht Uhr war er zum Bewerbungsgespräch um den Geschäftsführerposten mit dem Vorstandsvorsitzenden, der Personalchefin und dem Finanzchef bestellt. Er wusste jetzt schon, dass dieses Gespräch vermutlich umsonst sein würde. Das Unternehmen gehörte einer Branche an, mit der er vorher noch nie etwas zu tun hatte. Zudem hatten sie Teile des Betriebs nach Asien ausgelagert. Auch auf diesem Feld war er völlig unbedarft. Und dann war da noch der Standort. Er befand sich irgendwo im gottverlassenen deutschen Hinterland. Das nächste Zeichen von Zivilisation war ein Tausend-Seelen-Dorf, dessen Existenz ihm bislang völlig unbekannt war. Er wusste schon jetzt, dass seine Familie streiken würde. Aber er hatte sich von der Headhunterin breitschlagen lassen, dem Gespräch zuzustimmen. Und er wollte es sich mit ihr natürlich auch nicht verscherzen, denn viele Alternativen hatte er bisher nicht. Es gab ein paar Angebote in seiner angestammten Branche, die aber, wenn er ehrlich war, ein Zurückbuchstabieren bedeutet hätten. Trotzdem fühlte er sich im Feld seiner Expertise wohler als mit der Aussicht, sich hier in der Pampa als Branchenfremdling vorführen zu lassen.

Gelangweilt und fast schon etwas widerwillig stand er in der verwaisten Eingangshalle herum. Niemand da. Die Rezeption nicht besetzt. Der Betrieb schien noch zu schlafen. Super, dachte er. Was soll man in der Provinz auch anderes erwarten? Er hatte diesen abfälligen Gedanken kaum zu Ende gebracht, da stand der Vorstandsvorsitzende Dr. Weiland plötzlich lächelnd vor ihm, um ihn persönlich zum Gespräch in sein Büro abzuholen. Glücklicherweise hatte er das Bild am Vorabend noch gegoogelt, sonst hätte er den schmächtigen Mann wohl gar nicht als seinen potenziellen neuen Chef identifiziert.

«Guten Morgen, Herr Schulte. Herzlich willkommen. Tut mir leid, meine Sekretärin ist noch nicht da. Sie muss ihre Kinder zur Schule bringen. Aber keine Sorge, Kaffee kochen kann ich auch.» Er schüttelte dem einigermaßen überrumpelten Thorsten mit einem entwaffnenden Augenzwinkern und erstaunlich zupackend die Hand. Es sollte nicht die einzige Überraschung für Thorsten an diesem Morgen bleiben.

Als Herr Dr. Weiland ihn in sein Büro führte, stutzte er gleich ein weiteres Mal: Ein freundliches, helles, bescheiden, ja fast wohnlich eingerichtetes Büro, das so gar nicht an die typisch imposant-einschüchternd dunkel möblierten Teppichetagen von Vorständen erinnern wollte. «Nehmen Sie doch bitte Platz. Frau Hammbrücher, unsere Personalleiterin, kennen Sie ja schon, und das ist mein Vorstandskollege Herr Dietrich. Wie wäre es jetzt mit einem Kaffee?»

«Ja, gern», entgegnete Thorsten, immer noch etwas verdutzt.

Während er von den anderen Gesprächsteilnehmern begrüßt wurde, musste er verblüfft feststellen, dass sich der Vorstandsvorsitzende tatsächlich selbst an der Kaffeemaschine zu schaffen machte. Thorsten musste das ungewöhnliche Szenario erst mal verarbeiten, wie dieser mächtige Konzernlenker in maßgeschneidertem Anzug vor der Ikea-artigen Einrichtungskulisse mit der Kaffeemaschine hantierte. Gleichzeitig imponierte ihm diese Normalität. Und sie wirkte auf ihn in wohltuender Weise entkrampfend, hatte er doch diese typischen Bewerbungsgesprächsrituale grundsätzlich immer etwas beklemmend empfunden.

Wie bei jedem «ersten Date» plätscherte das Gespräch zunächst angenehm oberflächlich dahin, bis zur entscheidenden Frage: «Tja, Herr Schulte, wieso hat das denn bei Ihrem letzten Arbeitgeber nicht geklappt?»

Thorsten war klar gewesen, dass diese Frage kommen würde. Und er war selbstverständlich vorbereitet. Abgesehen davon verstand er es ohnehin mit schlafwandlerischer Sicherheit, seine Schokoladenseite ins rechte Licht zu rücken und alles andere mit selbstbewussten Gesten gekonnt im Halbschatten verschwinden zu lassen. Schließlich war er als Vertriebler aufgestiegen und immer dafür bewundert worden, dass er sich darauf verstand, in noch so auswegloser Situation einen Sales-Pitch durchzuboxen.

Aber statt seiner ausgeklügelten Wortwahl von «Differenzen in der strategischen Ausrichtung» hörte er sich diesmal geradeheraus sagen: «Ich habe Fehler gemacht.» Fast erschrocken sahen alle drei Gesprächspartner zeitgleich von ihren Notizen auf. Selbst perplex über seinen Mut, beeilte er sich zu erklären: «Rückblickend betrachtet habe ich gerade bei Antritt einiges versäumt. Ich habe mir und auch meinem Vorgesetzten etwas vorgemacht. Ich hatte schon irgendwie erkannt, dass es sich um einen Sanierungsfall handelte. Aber ich habe verpasst, die schmerzliche Wahrheit unumwunden mit meinem Vorgesetzten zu thematisieren und entschlossen anzugehen. Stattdessen habe ich versucht, uns die Sache schönzureden und mit vielen kleinen, dazu meist noch Schnellschussentscheiden irgendwie in den Griff zu kriegen. Mit dem Resultat, dass die Lage am Ende immer prekärer und konfuser wurde und ich das Vertrauen meines Vorgesetzten verspielt hatte.»

Er war selbst erstaunt über seine ungewohnt schonungslose Offenheit. Vor sechs Monaten hätte das vermutlich noch ganz anders geklungen. Und als ob er sich mit diesem Geständnis nicht schon äußerst waghalsig um Kopf und Kragen geredet hätte, legte er zur Bekräftigung noch nach: «Und damit mir das mit dem Schönreden nicht gleich nochmal passiert: Ist Ihnen klar, dass Sie hier jemand vor sich haben, der Ihre Branche nicht kennt, keine Erfahrung mit Asien hat, immer nur den Vertrieb und noch nie eine Produktion verantwortet hat?» Thorsten war sicher, dass er sich damit geradewegs selbst aus dem Rennen herauskatapultiert hatte.

Während der Personalchefin ob so viel Mut zur ungeschminkten Wahrheit erst mal nur der Mund offen stehen blieb und der Finanzchef mit fassungslosem Schweigen reagierte, war es der Vorstandsvorsitzende, der ganz entspannt und mit einem Augenzwinkern erwiderte: «Ja, Herr Schulte, wissen wir. Irgendwas sollen Sie ja schließlich auch noch lernen bei uns.»

Diese Reaktion war wohl die größte Überraschung für Thorsten an diesem Morgen. Der anschließend spürbar positive weitere Verlauf des Gesprächs führte sogar dazu, dass Herr Dr. Weiland es sich nicht nehmen ließ – entgegen jeglicher Bewerbungspraxis –, bereits am Ende dieses ersten Gesprächs seiner Überzeugung Ausdruck zu verleihen: «Herr Schulte, ich würde mich freuen, wenn wir Sie für diese Aufgabe bei uns gewinnen könnten.»

Ein paar Wochen später waren die Verträge unterzeichnet. Mittlerweile ist Thorsten Schulte schon zwei Jahre in seiner Position. Weder er noch sein Chef haben diese Entscheidung bisher bereut.

Was ich bemerkenswert normal an dieser Geschichte finde

Das, was ich bemerkenswert normal an Thorstens Geschichte finde, ist nicht so sehr, dass er einen Rauswurf verkraftet, sich nicht gehen lässt und wieder auf die Füße gekommen ist. Auch wenn das allein sicher bereits anerkennenswert ist. Es ist vor allem die Tatsache, dass Thorsten der Versuchung widerstanden hat, seinen Rauswurf im Bewerbungsgespräch zu schönen. Und das, obwohl er mit wenigen anderen Joboptionen im Rücken nicht gerade aus einer Position der Stärke heraus handelte.

In einer Leistungsgesellschaft, in der wir in erster Linie nach unserem Leistungsvermögen beurteilt werden, ist zuzugeben, etwas nicht gut gemacht zu haben oder nicht zu können, eher ein riskantes Verhalten. Besonders im Arbeitsleben. So ist es auch völlig verständlich, dass die meisten von uns keine Mühen scheuen, uns und unsere Leistungen möglichst im besten Licht darzustellen, um einen Job, einen Auftrag, eine Beförderung oder gar einen Partner oder eine Partnerin zu ergattern. Denn außergewöhnliche Leistungen – seien es nun sportliche, wissenschaftliche, berufliche oder sonstige – bewundern wir. Da sind uns Aufmerksamkeit und Anerkennung der anderen sicher. Also ist es heute auf dem Bewerbermarkt auch völlig legitim geworden, dass wir unserem Lebenslauf, unseren Social-Media-Profilen, unseren Fotos und Videos gern ein «Botox-Lifting» verpassen. Wir verstehen uns – Selbst-Branding-Kursen sei Dank – meisterhaft darauf, unsere Fassade auf Hochglanz zu polieren, unsere Unsicherheiten zu überspielen, unsere Unvollkommenheiten gekonnt unter den Tisch fallen zu lassen, um umso mehr jene der anderen zu betonen. Und wir wären irgendwie blöd, das nicht zu tun, denn schließlich machen alle anderen das ja auch.

Wenn wir aber feststellen, dass wir doch irgendwie mit der Konkurrenz nicht mithalten können, reagieren wir nicht selten mit Komplettrückzug. Es gibt sicher nicht wenige unter uns, die nach einem solch demütigenden Rauswurf, wie ihn Thorsten erlebt hat, die Waffen gestreckt hätten. Lieber gleich kapitulieren als (nochmal) scheitern, ist doch häufig in solchen Situationen unsere Überlegung. Wir hätten uns vermutlich erstmal eine Art Entzug vom Kampf um die vorderen Plätze der Gesellschaft – ein karrieretechnisches «Detoxprogramm» – verordnet. Und es im Brustton der Überzeugung ehrenvoll legitimiert: Dann kümmere ich mich endlich mal um meine Familie. Wollte ich ja eh schon lange. Wir hätten nur noch laue Jobs gesucht, für die wir hoffnungslos überqualifiziert gewesen wären oder ein Start-up gegründet. Nur um die Gefahr einer weiteren Entblößung von vornherein zu bannen bzw. unseren Unvollkommenheiten nicht ins Auge blicken zu müssen.

Thorsten verzichtete auf beides und stand offen zu seinen Schwächen. Und genau dadurch gewann er ironischerweise alles: den Respekt, das Vertrauen und die Anerkennung von seinem Chef – und den Job. Also genau das, was die meisten von uns fürchten, *nicht* zu bekommen, wenn sie ihre Fehler offen eingestehen.

Umso bemerkenswerter finde ich, dass er das Gegenteil dessen tat, was wir heute für ein erfolgversprechendes Vorgehen bei einer Bewerbung halten. Oder haben Sie schon mal in einem Beratungsratgeber den Satz gefunden: «Betonen Sie im Bewerbungsgespräch unbedingt, was Sie an Ihrer letzten Stelle alles falsch gemacht haben und warum Sie nicht für die Stelle geeignet sind»? Und doch war genau das der entscheidende Moment, in dem Thorsten seinen zukünftigen Chef für sich eingenommen hat. Denn dass jemand in der Lage ist, so glasklar seine Grenzen, Schwächen und Unvollkommenheiten zu sehen und dazu zu stehen, kann man zweifellos als Stärke werten. Besonders in einer Welt, in der die Mehrheit mit viel Anstrengung genau das Gegenteil versucht, nämlich jeden davon zu überzeugen, dass es niemand besseren gibt als man selbst.

Warum aber ist es heute für die meisten von uns so dramatisch schwierig, zu unseren Unvollkommenheiten zu stehen? Warum müssen wir dauernd auf Teufel komm raus beeindrucken, uns als perfekte Wesen inszenieren – und falls das nicht klappt, komplett verstecken? Die einfachste, aber auch eigenwilligste Erklärung, die ich zu diesem Thema bisher gehört habe, stammt von dem französischen Philosophen Yann Dall'Aglio. Er identifiziert in seinem amüsanten TED-Talk das simple Bedürfnis, geliebt zu werden und dazugehören zu wollen, als die Quelle unserer täglichen Jagd nach mehr Schein als Sein. Und er macht den Startpunkt dieser Entwicklung mit der Einführung der Liebesheirat in unserer Gesellschaft fest.[40] Denn bis zu diesem Zeitpunkt hatte jeder einen festen Platz in der Gesellschaft und durch standesgemäße Verheiratung wurde der Status auf Lebenszeit gesichert. Seit Effi Briest haben wir das jetzt selbst an der Backe. Wir sind mit der Freiheit gesegnet, uns unsere gesellschaftliche Stellung, Liebe und Anerkennung – kurz unser Lebensglück – auf dem offenen Feld selbst zu erkämpfen. Müssen das aber auch. Und im Internetzeitalter nun auch noch «on a global scale». Damit wird klar, warum wir unseren Selbstwert mehrheitlich davon abhängig machen, wie uns andere da draußen finden.

Bemerkenswert Normale scheinen ihren Selbstwert nicht ganz so uneingeschränkt an das zu knüpfen, was gerade auf dem Markt gefragt ist. Deshalb lassen sie sich von diesem gesellschaftlichen Zwang, sich möglichst perfekt inszenieren zu wollen, auch nicht ganz so wuschig machen. Sie pflegen eine angenehm unaufgeregte und objektive Sicht auf ihre Stärken und Erfolge genauso wie auf ihre Schwächen und Niederlagen. Sie sind zu einer ausgewogenen, natürlichen Bilanz der eigenen Person fähig. Das macht sie vertrauenswürdig und bringt sie uns auch als Menschen näher. Während uns aufgeblasene Egorhetorik eher abschreckt, wir ständig nach dem Haken suchen oder uns im Lichte solcher Übermenschen sofort minderwertig fühlen, begegnen uns bemerkenswert Normale auf Augenhöhe. Sie vertuschen ihre misslungenen Marathonversuche, ihre entgangenen Beförderungen oder schlechten Noten der Kinder nicht und ermöglichen uns damit, zu Verbündeten in unserer Unvollkommenheit zu werden. Sie gewinnen uns, ohne uns abzuwerten, ohne über uns siegen zu müssen. Solchen Menschen vertrauen wir, fühlen uns ihnen nah und können uns selbst sein.

Thorstens Geschichte finde ich ermutigend, weil sie uns zeigt: es geht, auch ohne dass wir dem Vollkommenheits-Botox-Lifting oder umgekehrt dessen Kehrseite, dem Detox-Entzugsprogramm, verfallen müssen. Einfach indem wir uns nicht scheuen, Unzulänglichkeiten auf ganz normale Weise zu begegnen und in unser Leben zu integrieren.

«Bemerkenswert-normal-Soundcheck»

Der Glaube, dass wir mit unserem permanenten Drang nach einem perfekten – oder mindestens perfekt inszenierten – Leben unserem menschlichen Bedürfnis nach Zugehörigkeit, Liebe und Weiterentwicklung am besten Rechnung tragen, gehört aus meiner Sicht zum wohl tragischsten Missverständnis unserer heutigen Zeit. Es scheint nämlich paradoxerweise eher das Gegenteil der Fall zu sein. Je perfekter wir sind und im Wettbewerb dastehen, desto mehr enden wir irgendwann isoliert, allein und ungeliebt, weil sich jeder in unserem Schatten minderwertig oder eingeschüchtert fühlt. Und wir werden uns auch nicht wirklich weiterentwickeln, weil wir uns zunehmend nicht mehr auf Neues einlassen oder Risiken eingehen – aus Angst, dann nicht mehr zu genügen, oder weil wir scheitern könnten. Wer tatsächlich Zugehörigkeit, Liebe und Zuneigung schätzt, der ist gut beraten, zumindest in manchen Situationen der Versuchung, andere beeindrucken zu wollen, zu widerstehen. Sei es dadurch, dass wir unsere Stärken dauernd zur Schau stellen oder die Schwächen der anderen überbetonen. Wer eine ausgewogene Sicht auf sich selbst und andere mal wieder etwas bewusster kultivieren will, dem können vielleicht folgende Gedanken Anregung bieten:

Scheitern üben: Das Schreckgespenst des Scheiterns verliert seinen Schrecken, wenn wir uns ab und zu ganz bewusst an Neues wagen. Mal ganz bewusst eine Sache angehen, in der wir Novize sind, nichts können. Vielleicht gerade etwas, was uns noch komplett fremd ist? Vielleicht Kajak fahren? Sushi zubereiten? Schach spielen? Oder argentinischer Tango? Egal, was es ist, wir werden wieder ein besseres Gespür dafür entwickeln, dass auf die Nase fliegen zum Lernen dazugehört.

Alternativ können wir uns auch jeden Abend fragen: Was habe ich heute gelernt, was ich heute Morgen noch nicht wusste? Wer hier einfach Antworten findet, ist auf gutem Wege, seine Unvollkommenheiten in sein Leben zu integrieren.

Vergleichsfreie Räume schaffen: Wir lieben den Wettbewerb. Wir wollen uns mit anderen messen. Nicht umsonst genießen Sportsendungen auch unter Nichtsportlern größte Beliebtheit. Was wir aber manchmal vergessen: Im Sport gilt Wettbewerb nur für einen sehr klar begrenzten Zeitraum. Nämlich für die Dauer von einem Spiel oder einem Rennen. Wir hingegen haben angefangen, Wettbewerb als dauerhaftes Prinzip in unserem Leben zu kultivieren. Wir messen uns in der Schule, bei der Arbeit, in der Freizeit, in der Ehe, im Urlaub ... Wir sind sozusagen in einer Wettbewerbs-Endlosschleife. Das ist auf Dauer ungesund und verleitet uns, unseren Selbstwert nur noch über unsere Leistung zu definieren. Warum also nicht mal zwischendrin ein paar bewusst wettbewerbsfreie Räume schaffen? Einen Raum, wo die Tätigkeit und nicht das gemessene Resultat im Vordergrund steht? Warum gönnen wir uns nicht mal Sport ohne Messgeräte? Kochen, Tanzen, Singen, Malen um ihrer selbst willen, ohne einer Vorlage zu folgen oder uns Bewertungen unserer Freunde einzuholen? Eine Kollegin ließ mir neulich einen Spruch zukommen, den ich sehr ermutigend fand: «Wer sich dauernd vergleicht, erlebt nichts Unvergleichliches.»
Und falls wir es trotzdem nicht mehr «ohne» können – gönnen wir doch wenigstens unseren Kindern ein paar

Zonen, frei von Vergleichen mit anderen, um Unvergleichliches erleben zu können.

Über unsere Unvollkommenheiten lächeln: Der Philosoph Yann Dall'Aglio setzt auf diese liebevolle Taktik, wenn es darum geht, sich vom permanenten Buhlen um Anerkennung, Bedeutung und Liebe mit Hilfe von Lifestyle, Konsum und Leistung etwas zu entstressen. Statt sich ständig vom Gedanken drangsalieren zu lassen, wie ich für noch attraktiver und wertvoller gehalten werden kann, schlägt er vor, wir sollten doch zur Entspannung einfach mal vom Gegenteil ausgehen: «Nous sommes tous nulles» – zu Deutsch: Wir sind alles Nullen. Dieser Satz symbolisiert für ihn die Einstellung, die er als am erfolgversprechendsten einschätzt, um tatsächlich geliebt und anerkannt zu werden: sich selbst mit Humor und einer Prise Selbstironie begegnen. Statt unsere Unvollkommenheiten zu verdrängen oder sich darüber zu ärgern, betrachten wir sie doch vielleicht mal mit einem versöhnlichen amüsanten Augenzwinkern: «Ach, das war ja mal wieder typisch ich …» Natürlich gilt diese Großzügigkeit auch für andere und ihre Unvollkommenheiten …

Jenseits von Rankings

Zwischen «Wie war ich» und «Ihr könnt mich mal»

Nun gab es kein Zurück mehr. Angefeuert von ihren besten Freundinnen hatte sich Lea gerade bei der alljährlichen Talent-Castingshow eines Fernsehsenders angemeldet. Stolz rannte sie mit der Registrierungsnummer durch das große Foyer voll erfolgswilliger Teenager zurück zu ihren drei Begleiterinnen, die aufgeregt in einer Ecke auf sie gewartet hatten.

«Ich hab die Nummer 189», jubelte Lea überschwänglich in Richtung ihrer Freundinnen, die Registrierungsnummer über ihrem Kopf schwenkend. Ein ohrenbetäubendes Unisono-Kreischen ihrer Groupie-Combo folgte, das dem Lärm der Halle aber nichts anhaben konnte. Lea und ihre Freundinnen umklammerten einander und hüpften vor Freude wie eine eingeschworene Siegermannschaft im Kreis. Nicht die geringste Angst oder gar Zweifel sollten eine Chance bekommen, sich zwischen sie und ihren tollkühnen Mut zu drängen. Lea war so selig hibbelig, als hätte sie ein Tütchen Ahoj-Brause verschluckt. Nun konnte sie endlich testen, wie gut sie als Sängerin wirklich war, frohlockte sie innerlich. Schließlich stand sie gerade kurz vor dem Abitur und wollte wissen, ob sie sich Chancen ausrechnen konnte, ihre Passion fürs Singen und Tanzen zum Beruf zu machen.

Und Leas Wagemut wurde belohnt. Sie schaffte es tatsächlich in die Runde der letzten zehn Kandidaten für die Show. Sie konnte es selbst kaum fassen, wie einfach es gewesen war. Sie, die aus einem 3000-Seelen-Dorf stammte! Wie unwirklich das alles war! Von der Aussicht auf die ganz große Berühmtheit trennte sie nun nur noch die Unterschrift ihrer Eltern, die sie für die Teilnahme an der Fernsehshow einholen musste. Ohne es zu wissen oder auch zu wollen, stürzte sie damit ihre Eltern allerdings in den wohl größten und anspruchsvollsten Gewissenskonflikt, in den man liebende Eltern in einer Wettbewerbsgesellschaft wohl bringen kann.

Als Michaela, Leas Mutter, hörte, was ihre älteste Tochter da vorhatte, war sie erstmal entsetzt. Das haben wir jetzt davon, schoss es ihr unwillkürlich durch den Kopf. Sie und ihr Mann hatten die vielen kreativen Talente ihrer Tochter früh erkannt und immer schon gefördert. So war es sicherlich auch ihrer Ermutigung zu verdanken, dass Lea heute leidenschaftlich gerne tanzte, sang, gleich mehrere Instrumente und auch Theater spielte. Gleichzeitig sprach sie mehrere Sprachen fließend, hatte gute Noten in der Schule, war vielseitig interessiert, witzig, selbstbewusst, immer guter Laune und bei allen sehr beliebt. Was also bereitete Michaela da eigentlich um Himmels willen Sorgen? Es gäbe doch wohl eher Anlass zu sagen: Glückwunsch, liebe Michaela, manch eine Mutter wäre wohl froh um eine solche Tochter!

Und war es nicht einfach nur die logische Konsequenz ihrer Förderung, wenn ihre Tochter nun unbedingt Musicaldarstellerin werden wollte und dafür alle Hebel in Bewegung setzte? Michaela und ihr Mann standen diesem Berufswunsch verständlicherweise mit etwas gemischten Gefühlen gegenüber. Was, wenn sie sich damit nicht ernähren kann? Was, wenn sie von der harten Realität da draußen enttäuscht wird, einfach nicht gut genug ist? Warum konnte sie nicht einfach ein normales Studium machen und alles andere als Hobby betreiben? Dann hätte sie wenigstens mal einen Abschluss, haderte Michaela mit sich selbst.

Und jetzt noch zu allem Übel diese Talentshow. Als Lehrerin war Michaela durchaus leistungsorientiert und fand es wichtig, dass Kinder lernten, Ambitionen zu entwickeln, sich auch mal aus der Komfortzone herauszubewegen und nicht gleich aufzugeben. Aber war dazu eine Castingshow das Richtige? Sie fand diese Selbstdarstellungs-Marktplätze immer schon mehr als skurril. Und hier sollte sich jetzt ihre eigene Tochter vor der gesamten Nation verkaufen? Michaela stand diesem Vorhaben von Lea noch skeptischer gegenüber als ihrem Berufswunsch, Schauspielerin zu werden. Sollte sie sie nun trotzdem ermutigen oder sie davon abhalten? Natürlich wollte sie ihre Tochter vor möglichen Enttäuschungen bewahren. Aber war es fair, ihr im Weg zu stehen, wenn sie versuchte, ihr großes Glück zu finden? Und womöglich dann ein Leben lang Vorwürfe dafür zu kassieren? Ach verdammt, dachte sie fast ein wenig wütend. In dieser Sache konnte sie nur verlieren.

Sie hatten gerade das Abendessen beendet, da nahm Michaela all ihren Mut zusammen und suchte das Gespräch mit ihrer Tochter. Der Rest der Familie witterte sofort, dass sich hier eine heikle Grundsatzdiskussion anbahnte und verkrümelte sich still und leise in die Zimmer.

Lea und Michaela blieben allein in der Küche zurück, um die Reste des Abendessens zu versorgen. «Schau, Lea, ich kann ja verstehen, dass du dich da gern mal beweisen möchtest. Aber ich finde, dass eine solche Show nicht der richtige Ort dafür ist», begann Michaela behutsam, während sie die Teller in die Spülmaschine einsortierte. Lea saß am Küchentisch und mühte sich mit der Frischhaltefolie ab, um die verschiedenen Wurst- und Käsesorten wieder kühlschranktauglich zu verpacken. «Mami, du hast echt keine Ahnung! Das ist eine Riesenchance für mich! Kann doch nichts passieren. Was ist denn dein Problem?» Zack. Typisch Lea. Sie kam ohne Umschweife auf den Punkt. War wohl nichts mit pädagogisch ausgefeilter Gesprächsführung, dachte Michaela seufzend. Manchmal glaubte sie, dass diese theoretischen Ansätze nur von Leuten erfunden worden sein konnten, die zu Hause keine Teenager sitzen hatten.

«Tut mir leid, Lea. Aber das find ich echt nicht so super, wenn du dich da vor irgendwelchen Pseudo-Juroren zum Affen machst. Die haben doch null Interesse an dir! Denen geht's doch nur um den Kommerz. Ob sie dich vermarkten können. Denen geht's doch gar nicht um dein Talent.»

«Aber das ist doch meine Sache!», blaffte Lea zurück und redete sich mit jedem weiteren Satz einen Tick mehr in Rage:

«Wieso kannst du mir das nicht lassen? –

… Das ist doch mein Leben! –

… Das Leben ist heute eben anders als früher! –

… Wieso musst du mir das jetzt kaputt machen? –

… Eins sag ich dir, das verzeih' ich dir nie!»

Diesen letzten Satz schrie sie regelrecht mit tränenerstickter Stimme heraus, bevor sie die verpackten Wurst- und Käsereste in den Kühlschrank pfefferte und lautstark die Küchenbühne verließ.

Ihre Tochter hatte auf jeden Fall theatralisches Talent, musste sich Michaela nach diesem dramatischen Abgang innerlich fast ein wenig schmunzelnd eingestehen. Aber ehrlicherweise überwog ein Gefühl der Hilflosigkeit. Was, wenn ihre Tochter recht hatte? Würde sie ihr da vielleicht wirklich einen Lebenstraum kaputt machen? Und war Lea nicht mit ihren knapp achtzehn Jahren tatsächlich alt genug, das selbst zu entscheiden? Hätte Michaela sich nicht auch von ihrer eigenen Mutter mehr Ermutigung als Zurechtweisung und Kritik gewünscht? Na ja, das war auf jeden Fall gründlich in die Hose gegangen, gestand sich Michaela ein, während sie die Spülmaschine in Gang setzte. Sie musste es einfach nochmal probieren, wenn sich die Gemüter wieder beruhigt hatten.

Umso mehr war Michaela überrascht, dass sie das gar nicht mehr musste. Höchstens drei oder vier Tage später war es Lea, die nach dem Mittagessen plötzlich sagte, sie hätte ihre Teilnahme an der Show jetzt übrigens «gecancelt». Michaela traute ihren Ohren kaum. Gleichzeitig erschrak sie auch ein wenig. War das jetzt die Kapitulation vor dem elterlichen Druck? Eine Trotzreaktion, die sie ihr von nun an immer wieder aufs Brot schmieren würde? War sie wirklich so eine Rabenmutter?

Aber Lea war die Ruhe selbst, wie sie da wieder mal so am Küchentisch saß und gleichgültig in einer ihrer Fashionzeitschriften blätterte. Als sie den Schreck in Michaelas Gesicht bemerkte, fügte sie beschwichtigend hinzu: «Mach dir keine Sorgen, Mami. Es war nicht nur wegen dir. Es war auch meine Entscheidung.» Michaela spürte eine Erleichterung, als hätte ihr die Polizei gerade ihr vermisstes Kind zurückgebracht.

Sie setzte sich zu ihrer Tochter an den Küchentisch und schenkte ihnen beiden Tee ein. Sie holte noch ein paar Kekse aus dem Schrank, die sie vor ein paar Tagen gebacken hatte. Es waren Leas Lieblingskekse. «Was ist denn passiert?», fragte Michaela so einfühlsam wie möglich, während sie Lea die Kekse hinhielt. Lea griff sofort zu. «Ach, das Drumherum ging mir irgendwie auf die Nerven», entgegnete sie so beiläufig wie möglich, den Kopf kaum von ihrer Zeitschrift hebend. «Wieso? Was war denn?», konnte Michaela ihre Neugier nicht verbergen, um es im nächsten Moment schon wieder zu bereuen. Hoffentlich war ihr Ton nicht zu bohrend ausgefallen. Teenager konnten ja zuweilen so schreckhaft sein wie ein scheues Reh. Aber Lea war ganz gelassen und antwortete erstaunlich offen. «Wir haben da neulich diese Probeaufnahmen gemacht. Und da mussten wir alle zusammen joggen gehen. War für mich ja kein Problem. Aber die haben die Kamera immer genau auf die gehalten, die nicht so gut mitkamen, mega geschwitzt und gestöhnt haben. Irgendwie fand ich das voll ätzend.» Und kauend fügte sie hinzu: «Wir wurden irgendwie auch immer gegeneinander aufgehetzt. Das hat echt genervt. Irgendwie ging es überhaupt nicht mehr ums Singen und Tanzen.» Es war wohl der Moment, in dem Michaela erkannte, dass ihre Tochter erwachsen geworden war. Fast schämte sie sich ein bisschen, dass sie ihr diese Urteilsfähigkeit nicht zugetraut hatte.

Ähnlich erstaunt wie über diese Absage war Michaela auch über alles, was danach folgte. Lea war nicht etwa frustriert und warf alles hin – ganz im Gegenteil. Sie machte sich nun noch zielstrebiger ans Werk, ihr Talentpotenzial voll auszuschöpfen und weiterzuentwickeln. Ihre künstlerische Schaffenskraft begann erst so richtig aufzublühen. Als Abschlussarbeit für ihr Abitur probierte sie sich als Designerin, kreierte und schneiderte selbst eine kleine Modekollektion, die über die Grenzen ihrer Schule hinaus Beachtung fand. Eine Hauptrolle in einem Schülermusical folgte sowie eine selbst aufgenommene CD. Nach ihrem Abitur bewarb sie sich gleich an mehreren Kunstschulen im In- und Ausland, um ihren Traum wahrzumachen, Musical- und Schauspielkunst zu studieren. Ihre Eltern unterstützten sie dabei mit allem, was ihnen möglich war.

Es klappte nicht sofort. Trotzdem blieb Lea dran. Sie übte, trainierte und perfektionierte ihre Kunst unentwegt weiter in verschiedenen Kursen. Ihre Kontinuität und Hartnäckigkeit wurden belohnt. Nach etlichen Absagen erhielt sie tatsächlich von einer Schule mit internationalem Ruf eine Zusage und konnte endlich beginnen, ihren Herzensberuf zu studieren.

Bereits die Zwischenprüfung schloss sie als Jahrgangsbeste ab. Den Bachelor erlangte sie mit Auszeichnung und wurde zum Wettbewerb aller besten Abgänger auf nationaler Ebene zugelassen.

Was ich bemerkenswert normal an dieser Geschichte finde

Es ist nicht allein Leas Hartnäckigkeit, mit der sie ihren Traum verfolgte, die ich bemerkenswert finde. Obwohl auch eine solche Zielstrebigkeit in der heutigen Zeit sicherlich großen Respekt verdient. Es sind vielmehr die Reaktionen sowohl der Mutter als auch der Tochter auf die große Versuchung «Berühmtheit», die da plötzlich mit Leas Nominierung für eine Fernsehshow in ihr Leben trat. Es ist ihr beider Mut, das eigentliche Tun oder Leisten vor den potenziellen kurzfristigen Erfolg zu stellen, den ich bemerkenswert normal finde.

Mal ehrlich. Da gehört die eigene Tochter zu den wenigen glücklichen Auserwählten für eine Castingshow und ihre Assessoren bescheinigen ihr hohes Potenzial. Welche Mutter hätte da den Mut, diese vermeintliche Lebenschance überhaupt in Frage zu stellen? Wären wir nicht alle eher stolz wie Bolle, wenn unser Kind alle Vorrunden bis in die Endrunde der letzten zehn Kandidaten geschafft hätte? Würden wir als Eltern nicht auch der Versuchung erliegen, uns an der potenziellen Berühmtheit des eigenen Kindes schon gedanklich zu sonnen, und unsere Tochter ermutigen, ihren – vielleicht auch unseren verpassten – Traum zu leben?

Und an Leas Stelle? Welcher junge Mensch, der voller Energie auf dem Weg ist, seinen Platz in dieser Gesellschaft zu erobern, würde sich auf voller Schussfahrt kurz vor dem Ziel die Ob-Frage stellen? Denn für die meisten von uns hätte es in dieser Situation wohl nur eine vernünftige Antwort gegeben: Natürlich bei der Show weitermachen! Alles andere wäre ja nun wirklich dumm. Umso bemerkenswerter finde ich, dass sich Lea diese Frage trotzdem ganz offensichtlich stellte. Wenn auch zugegebenermaßen vielleicht ausgelöst und beeinflusst durch die Skepsis ihrer Eltern.

Noch bemerkenswerter ist aber wohl, dass sie auch selbst zur Antwort kommt: Ich höre auf. Wie ist das zu verstehen? Ohne Not stoppt ein Teenager selbst abrupt ab, mitten beim Schwungholen auf dem Sprungbrett in eine vielleicht berühmte Zukunft, steigt vom Brett runter und kehrt der «Karotte Superstar», die da schon in Greifnähe vor ihr baumelte, einfach den Rücken. Müssten wir Lea dafür nicht eher bemitleiden als beglückwünschen? Hat sie sich da nicht gerade um ihr ganzes Lebensglück gebracht?

Mit ihrer beherzten Absage haben Mutter wie Tochter intuitiv in erster Linie das Singen und Tanzen selbst als Quelle von Erfüllung und Glück begriffen, nicht die erfolgreiche Vermarktung, den Erfolg davon. Natürlich suchte Lea Feedback, um auszuloten, wo sie im Vergleich zu anderen steht, um an sich und ihrer Leidenschaft zu arbeiten und ihre Leistung verbessern zu können. Aber nicht zum Preis einer öffentlichen Inszenierung. Sie wollte zuerst einmal ihr künstlerisches Schaffen weiterentwickeln, nicht zuerst berühmt werden.

Natürlich ist nichts Verwerfliches dabei, Erfolg haben zu wollen. Im Gegenteil. Das wollen wir wohl alle. Und auch Lea weiß, dass sich ihr Talent irgendwann in lukrativen Engagements niederschlagen muss, wenn sie damit ihren Unterhalt bestreiten will. Das Bemerkenswerte ist, dass sie nicht verwechselt hat, was wir heute immer häufiger zu verwechseln scheinen: was ist Henne und was ist Ei beim Erfolg? Erfolg ist das Resultat von etwas und macht sich allein schlecht als Sinnstifter für unser Leben. Genau wie Rendite immer das Resultat von unternehmerischer Tätigkeit sein sollte, sich aber wenig als Unternehmenszweck eignet. Schließlich ist auch unsere Atmung im Leben unentbehrlich, um zu überleben, aber sicher nicht unser Lebenszweck. Auch wenn es nichts Schöneres gibt, als sich über Erfolge zu freuen, die wir erreicht haben – es sind immer die zugrundeliegenden sinnhaften Tätigkeiten, die Leidenschaft für eine Aktivität, eine Wertschaffung oder Leistung, die uns langfristig Freude und Erfüllung im Leben schenken. Wer sich also im Zweifel für die sinnstiftende Tätigkeit ohne Erfolg statt für Erfolg ohne sinnstiftende Tätigkeit entscheidet, der hat wohl auf konsequenteste Weise – intuitiv oder bewusst – das sinnstiftende Tun vor den Erfolg gestellt.

Genau das haben Lea und ihre Mutter getan. Und das ist das eigentlich bemerkenswert Normale an dieser Geschichte. Lea ist nämlich nicht einfach ausgestiegen, hat gesagt: «Ihr könnt mich mal», und hat alles hingeworfen. Nein, im Gegenteil. Sie ist ihren Berufswunsch ernsthaft angegangen, hat sich auf regulären Musicalschulen beworben, sich etlichen professionellen Auswahlverfahren gestellt, bis sie an einer Schule aufgenommen wurde und ihr Studium beginnen konnte. Und ihre Eltern haben sie dabei nach Kräften unterstützt.

Und das ist umso erstaunlicher, weil sich die meisten Menschen freiwillig erst in der Mitte ihres Lebens leisten, das «Tun» vor den «Erfolg» zu stellen. Dann nämlich, wenn sie eine gewisse soziale Anerkennung bereits erreicht haben, zum Beispiel auf eine erfolgreiche Karriere blicken oder auf einem prallgefüllten Bankkonto sitzen. Oder allenfalls, wenn sie unfreiwillig dazu gezwungen werden, weil gesundheitliche Leiden, wie zum Beispiel ein Burnout, sie zwingen, sich mit dieser Frage auseinanderzusetzen.

«Bemerkenswert-normal-Soundcheck»

Es ist schwierig zu erkennen, wann es unser Wunsch nach Erfolg, Ruhm, Glamour, «Star-sein-Wollen» ist, der unsere Entscheidungen treibt – im Fachjargon unser Bedürfnis nach sozialer Anerkennung –, und wann es uns tatsächlich um unsere Passion für die Tätigkeit selbst geht. In der Regel präsentiert sich das in unserem Kopf eher als völlig unentwirrbares Wollknäuel. Unser aller menschliches Grundbedürfnis, dazugehören und anerkannt sein zu wollen, vernebelt uns da häufig trickreich den klaren Blick. Tragisch ist das eigentlich nur in den Fällen, in denen uns das permanente Erfolgs- bzw. Wettbewerbsdiktat, unter das wir unser gesamtes Leben stellen, unglücklich oder auch krank macht. Wenn wir unsere Passion für eine Tätigkeit verlieren oder erst gar keine mehr entwickeln. Wenn wir, um Erfolg zu haben, unsere Freiheit oder gar unsere Würde aufgeben. «Wenn ich könnte, würde ich ...», bedauern dann plötzlich sehr erfolgreiche Menschen, weil sie erkennen, dass sie eigentlich nur deshalb Anwalt – und nicht Musiker – geworden sind, weil sie sich mehr Status und Anerkennung versprachen. Nicht selten von den eigenen Eltern. Drei Ideen, wie wir uns vor benebelnden Erfolgsversuchungen schützen und stattdessen unsere wahren Passionen wieder mal mehr anklingen lassen können:

Ego-Schmeichelfalle: Wie erkennen wir, dass wir zu etwas eigentlich nur Ja sagen, weil wir damit Anerkennung von anderen wollen? Grundsätzlich sind wir immer dann gefährdet, wenn Menschen uns zu überreden suchen und uns wissen lassen, wir seien ja so unglaublich begabt und keiner außer uns wäre in der Lage, dieses oder jenes zu leisten. Dann könnten wir Gefahr laufen, in die Schmeichelfalle zu tappen, und aufgrund unseres Bedürfnisses nach Anerkennung einen Job, ein Geschäft oder einen Gefallen zusagen, obwohl wir das gar nicht wollen. Merken, ob wir reingetappt sind, tun wir aber leider definitiv immer erst hinterher. Dann nämlich, wenn wir enttäuscht oder frustriert darüber sind, dass wir die erwartete Anerkennung nicht erhalten haben. Plötzlich ist dann der Job doch nicht mehr genau unser Traumjob. Und genauso kreativ, wie wir uns vor ein paar Monaten noch eingeredet hatten, dass es genau der Job ist, auf den wir gewartet hatten, finden wir plötzlich ähnlich kreative Argumente, warum er das nun genau nicht mehr ist. In solchen Situationen hat ganz offensichtlich das Bedürfnis nach sozialer Anerkennung die Handlungsführung in unserem Leben übernommen, nicht mehr die Sache selbst. Es ist also immer Vorsicht geboten, wenn wir aufgrund von Komplimenten mehr tun, als uns nur darüber zu freuen und danke zu sagen.

Wahre Passion: Wie erkenne ich nun eigentlich, dass ich das, was ich tue, nicht nur um des Erfolgs willen tue? Hier hilft die Frage: Wäre ich bereit, für diese Passion arm zu werden? Oder etwas weniger dramatisch: Würde ich diese Tätigkeit auch ohne Zuschauer, ohne Wettbewerb tun? Zum Beispiel, bewegen wir uns auch dann gern, wenn wir nicht gerade einen Schrittzähler am Arm tragen und mit den Kollegen eine Wette am Laufen haben? Greifen wir auch in unserer Freizeit interessehalber zu Büchern über Wirtschaft, oder tun wir das nur für das MBA-Zertifikat? Können wir ehrenamtlich tätig sein oder etwas spenden, auch ohne anderen davon zu erzählen?

Unsere Passion wiederentdecken: Möglicherweise kommen einige von uns zum Schluss, dass es tatsächlich kaum noch eine Tätigkeit in unserem Leben gibt, die wir einfach um ihrer selbst willen tun. Einfach, weil sie uns erfüllt. Und damit sind keine Konsum- oder Genussaktivitäten, wie Musik hören, Playstation, Filme schauen oder Ähnliches gemeint. Sondern vielmehr tatsächliche *Tätig*keiten, bei denen wir aktiv sind. Wollen wir herausfinden, wo unser Herz oder unsere Passion schlägt, dann können wir uns mit folgenden Fragen beschäftigen: Mal angenommen, jemand würde uns so viel Geld schenken, dass wir und unsere Familie für unser ganzes Leben ausgesorgt hätten. Die einzige Bedingung wäre, wir müssten weiterarbeiten. Was würden wir dann tun? Wo zieht es uns intuitiv immer hin (wenn wir Zeit haben, zur Ruhe kommen, in unserer Freizeit, in einer Buchhandlung, wenn wir die Zeitung aufschlagen)? Bei welcher Tätigkeit haben wir das letzte Mal Raum und Zeit komplett vergessen? Was wollten wir als Kind mal werden?

Konsequent voll-wertig

Zwischen Anything-goes und Prinzipienreiterei

Es war ein regnerischer Morgen, an den sich Ralf wohl sein ganzes Leben lang erinnern wird. Nach einer schlaflosen Nacht, in der er sich nur im Bett herumgewälzt hatte, kam ihm das Weckerklingeln regelrecht wie eine Erlösung vor. Energisch entledigte er sich der Bettdecke, als wollte er sich damit gleichzeitig von den quälenden Gedankengrübeleien befreien, die ihn seit längerem jede Nacht im Wachkoma gefangen hielten – zumindest für die Dauer einer warmen Dusche und eines von seiner Frau liebevoll zubereiteten Frühstücks.

Als er die Haustür von außen schloss, verfluchte er den grauen Dauerregen und spurtete, seine Aktentasche schützend über den Kopf haltend, auf die andere Straßenseite zu seinem Auto. Es half nichts. Er war völlig durchnässt, als er dort ankam. Welche Ironie des Schicksals, dachte Ralf, als er mit nassen Hosen in seinem Audi A4 saß und ihn zu seiner Firma steuerte. Er fühlte sich tatsächlich so, als ließe das Leben ihn gerade im Regen stehen.

Es war die Angst vor dem Scheitern, die Ralf seit längerem schlaflose Nächte bereitete. Ralf war Unternehmer mit einer leisen, aber stetigen Erfolgsgeschichte. Seine Firma, die er vor etwa zehn Jahren gegründet hatte, war kontinuierlich auf circa dreißig Mitarbeiter und ein für einen kleinen Betrieb doch recht beträchtliches Jahresumsatzvolumen angewachsen. Aber seit der Finanz- und der darauf folgenden Eurokrise stagnierten bei ihm die Geschäfte. Bereits zwei Jahre musste seine Firma nun schon einen kontinuierlichen Auftragsrückgang verzeichnen, der anfing, an die Substanz zu gehen. Sollte sich das Blatt nicht bald wenden, blieb Ralf nichts anderes übrig als Aderlass. Das hieße, Mitarbeiter zu entlassen – ein unerträglicher Gedanke. Denjenigen Menschen, die mit ihm so erfolgreich die Firma aufgebaut hatten, nun ihre Existenz rauben zu müssen – das war für ihn einfach ein Horrorszenario.

Schon von Kindsbeinen an hatte Ralf am Vorbild seiner Eltern gelernt, dass soziale Verantwortung ein wesentlicher Beitrag für das Funktionieren einer Gemeinschaft ist. Manchmal jedoch wünschte er sich fast, er hätte ein weniger ausgeprägtes Wertebewusstsein mitbekommen, dann würde ihm die Kündigung von ein paar Mitarbeitern vermutlich nicht so zu Herzen gehen. Und er beneidete in diesen Momenten insgeheim all die Konzernbosse, für die Entlassungen mit ein paar Zahlenkorrekturen auf einem Excel-Sheet erledigt waren, in gleicher Manier, wie sie Reisespesen oder den Einkauf von Toilettenpapier visierten.

Er dagegen musste diesen inhumanen Akt persönlich vollziehen und seinen Mitarbeitern dabei in die Augen schauen. Allein die Vorstellung rief in ihm ein Gefühl der Beklemmung hervor …

Weiter kam er mit seinen Gedanken nicht. Sein Blackberry klingelte. «Clemens» verriet ihm sein blinkendes Display. Der Vertriebschef eines wichtigen Kunden, mit dem ihn mittlerweile mehr als nur beruflicher Respekt verband. Aber in seiner getrübten Montagmorgenstimmung war ihm ehrlich gesagt grad gar nicht nach Smalltalk zumute. Schon gar nicht mit Clemens, den seine Kollegen flachsend als «Gute-Laune-Flummi» bezeichneten, weil er immer blendend aufgelegt war. Innerlich seufzend aktivierte er dennoch pflichtbewusst die Freisprechanlage. «Guten Morgen, Clemens», mühte er sich, nicht allzu grummelig zu klingen. «Einen wunderschönen guten Morgen, lieber Ralf! Na, wie schaut's aus? Alles klar bei dir?», entgegnete Clemens in seiner üblichen überschwänglichen Margarinewerbung-Laune, die Ralf normalerweise eigentlich sehr schätzte, aber heute einfach unerträglich fand. «Alles prima», schwindelte Ralf. «Bin grad auf dem Weg in die Firma zum ersten Meeting», versuchte er das Gespräch mit einer höflichen Gewinnwarnung von vornherein kurz zu halten. Clemens verstand sofort. «Okay, ich mach's kurz. Hättest du Interesse an einem Auftrag? Wir hätten da einen großen Deal zu vergeben. Gut über eine Million. Wenn du dich ein bisschen bei mir erkenntlich zeigst, könnte ich dafür sorgen, dass du ihn bekommst. Wenn ich mich recht erinnere, kannst du doch grad einen Auftrag brauchen, oder? Ich dachte da so an zehn Prozent. Was meinst du?»

Ralf konnte erst mal gar nichts meinen. Ihm blieb die Spucke weg. Wahnsinn! Mit diesem Auftrag wäre er tatsächlich alle Sorgen auf einen Schlag los! Er fing vor Aufregung an zu schwitzen. Wäre sein Hemd nicht ohnehin schon vom Regen durchnässt gewesen, würde es spätestens jetzt großflächig auf seiner Haut kleben. Konnte es wirklich sein, dass ihm das Leben da gerade den Ball mitten auf den Elf-Meter-Punkt spielte? Halleluja! Das Schicksal war ihm endlich wieder hold, frohlockte er innerlich, und der Regen erschien ihm sofort ein paar Grautöne heller.

Doch gerade als er Luft holte, um Clemens zu antworten und nach seinem ganz persönlichen Sommermärchen zu greifen, pfiff ihn die schrille Trillerpfeife seines inneren Schiedsrichters unsanft zurück. Sein unerbittliches Gewissen machte seinem Ruf als Spielverderber mal wieder alle Ehre und stoppte ruckartig sein Endorphinfeuerwerk. Willst du wirklich jemanden dafür schmieren, dass du diesen Auftrag bekommst? Und dann noch Clemens, einen guten

Freund? Wo bleibt denn deine Kaufmannsehre, die dir doch immer so wichtig war? Heiligt denn der Zweck wirklich alle Mittel? Und schon ging die Rangelei auf seinem inneren Spielfeld los.

Was er jetzt brauchte, war Zeit, um sich Klarheit zu verschaffen. «Clemens, danke erst mal, dass du an mich gedacht hast. Bin natürlich immer an Aufträgen von euch interessiert. Können wir das später in Ruhe besprechen? Bin wie gesagt gerade auf dem Sprung in ein Meeting. Wie wär's, wenn wir heute Abend nochmal telefonieren?» «Klar, kein Problem. Ruf mich einfach an. Ich bin zu Hause.» Clemens legte auf, und Ralf lenkte mehr benebelt als bewusst seinen A4 auf den Parkplatz vor seiner Firma.

Er sagte das Meeting ab, und verzog sich erst mal in sein Büro, um in Ruhe nachzudenken. Er lehnte sich in seinem Bürostuhl zurück, schaute aus dem Fenster auf sein Fabrikgebäude und spielte abwesend mit seinem Kugelschreiber. Was tun? Die Firma und Arbeitsplätze mit einem Schlag retten oder seinem inneren Schiedsrichter folgen und seinem Kollegen die kleine «Erkenntlichkeit» verweigern?

Was, wenn er absagte? Würde er dann nicht gleich dreifach verlieren? Erstens natürlich den Auftrag. Zweitens würden es ihm seine Angestellten vermutlich nicht verzeihen, dass er ihre Existenz für den Luxus eines reinen Gewissens aufs Spiel gesetzt hat. Und drittens würde er auch noch seinen Freund Clemens verlieren, weil der ihm vermutlich Geiz oder Egoismus vorwerfen würde, von seinem Glück nichts abgeben zu wollen. Und hätte Clemens in diesem Fall nicht vielleicht auch ein wenig Recht? Wäre eine solche Entscheidung nicht wirklich ein wenig egoistisch oder mindestens ein bisschen zu pedantisch? Sollte man als Unternehmer nicht auch mal Fünfe grade sein lassen können? Mal pragmatisch sein, wie es so schön heißt? Konnte er es sich in seiner Situation überhaupt leisten, seinem guten Gewissen höchste Priorität einzuräumen?

Schließlich war ein reines Gewissen nicht in der Lage, Mitarbeiter zu ernähren …

Mal angenommen, er stimmte Clemens' Vorschlag zu. Was, wenn es rauskäme? Dann wäre Clemens unter Garantie seinen Job los. Clemens hatte Familie mit kleinen Kindern und gerade eine Hypothek aufgenommen, um ein Haus zu bauen. Wenn er arbeitslos würde … Er wollte gar nicht daran denken. Und plötzlich war seine Entscheidung klar: Er konnte und wollte da nicht mitmachen.

Energisch griff er nach seinem Blackberry, so, als hätte er Angst, dass er es sich doch nochmal anders überlegen könnte, wenn er nicht augenblicklich zur Tat schritt. «Grüß dich, Clemens. Du, ich hab nochmal drüber nachgedacht. So sehr ich den Auftrag auch gebrauchen könnte, aber ich finde, das sollten wir nicht machen. Wir würden doch beide nicht mehr froh, Clemens, wenn das rauskommt. Deinen Job wärst du dann auf jeden Fall los, und ich meine Reputation. Vertrauen ist heute als Wert unbezahlbar, und ich finde, das sollten wir nicht aufs Spiel setzen. Ich schätze unsere Freundschaft und will auch morgen noch in den Spiegel schauen können.» Jetzt war es Clemens, der sich möglichst rasch aus dem Gespräch verabschiedete. Er nuschelte noch irgendetwas wie «Ist okay, hast ja Recht», und dann war er auch schon weg.

Als Ralf am nächsten Morgen in seinem Büro saß, klingelte das Telefon. Er erkannte die Nummer auf dem Display nicht sofort. War das nicht der Eigentümer der Firma, in der Clemens als Vertriebschef arbeitete? Ach herrje. Was will denn der, dachte Ralf, und ein paar Irritationsfalten wölbten sich auf seiner Stirn, während er den Hörer abnahm. «Herzlichen Glückwunsch, Sie haben den Auftrag», eröffnete sein Gesprächspartner am anderen Ende mit überschwänglicher Stimme das Gespräch. Nun war Ralf völlig verwirrt. Was war denn das jetzt? Für einen Moment dachte Ralf, er habe wieder mal einen dieser nervtötenden Werbeanrufe mit einem übermotivierten Mitarbeiter erwischt, vermutlich gerade frisch vom Verkaufstrainer auf Umsatz gebürstet ... Aber er täuschte sich. Es war tatsächlich der Firmeninhaber, der ihm erklärte, er habe Clemens darauf angesetzt, seine Lieferanten finanziell «in Versuchung» zu führen, um herauszufinden, welchem er diesen großen Auftrag anvertrauen konnte ... Ralf war dermaßen durcheinander, dass er gar nicht so schnell darüber nachdenken konnte, was er von solchen etwas fragwürdigen Testpraktiken halten sollte. Seine Erleichterung überwog. Er konnte noch gar nicht fassen, dass er mit seinem Nein den Deal seines Lebens gemacht hatte, denn es blieb nicht bei diesem einen Auftrag. Seine Firma stieg bei diesem Kunden zum sogenannten «preferred supplier» auf. Ralfs uneingeschränkte Integrität und Ehrlichkeit sprachen sich schnell weiter in der Branche herum, was ihn nicht nur vor Personalabbau bewahrte, sondern seine Firma sogar wieder auf den Wachstumspfad zurückführte.

Was ich bemerkenswert normal an dieser Geschichte finde

Warum ich Ralfs Handlungsweise bemerkenswert normal finde, hat weniger damit zu tun, dass er ganz offensichtlich gewisse Werte im Leben für wichtig hält. Ich glaube, die meisten von uns haben solche Werte und auch einen inneren Schiedsrichter, der uns mit einem Gefühl von Unbehagen zurückpfeift, wenn ein Wert wieder einmal unter Beschuss gerät. Das bemerkenswert Normale an Ralfs Verhalten finde ich vielmehr, dass er es erstens schafft, nach seinen Werten auch zu handeln, und zweitens, dafür sogar bereit ist, Nachteile – wie die drohende Insolvenz – in Kauf zu nehmen.

Natürlich leben die meisten unter uns auch nicht völlig «wertelos». Aber haben wir wirklich den Mut, auch konsequent nach unseren Werten zu handeln? Würden wir für Werte wie Freundschaft, Loyalität, Fairness oder Ähnliches sogar handfeste materielle Nachteile in

Kauf nehmen? Sobald es um unseren eigenen Vorteil geht, fühlen wir uns legitimiert, alle anderen Werte als zweitrangig zu betrachten. Auch wenn bei den meisten von uns ein innerer Schiedsrichter Alarm schlägt, entscheiden wir in der Regel eher nach dem, was alle tun: den eigenen Vorteil schützen. Dann halten wir eben lieber den Mund, wenn ein Kollege von anderen Kollegen gemobbt wird, sehen darüber hinweg, wenn Verträge dubiose Abmachungen enthalten, oder führen die vom Chef angeordneten Entlassungen ohne Widerspruch aus. Wir spüren häufig ganz genau, dass hier etwas gegen unsere Überzeugung passiert, wollen uns aber keinen Ärger einhandeln, unseren Bonus oder gar Job riskieren. Vielleicht ist das auch der Grund, warum wir unsere Gesellschaft zuweilen als ein wenig scheinheilig wahrnehmen: weil wir unsere Werte nur dann leben, wenn sie unserem Vorteilsstreben dienlich sind oder diesem mindestens nicht im Wege stehen.

Dennoch glaube ich, dass für die meisten Menschen Ehrlichkeit, Solidarität und Vertrauen wichtige Werte im Leben sind. Ob wir auch bereit sind, danach zu handeln, ist eine andere Frage und zeigt sich tatsächlich erst dann, wenn wir in die Situation kommen, für unsere Werte auch etwas investieren zu müssen – und damit meine ich nicht den jährlichen Spendenscheck an eine Hilfsorganisation. Erst wenn wir für unsere Werte im Alltag persönliche Energie, Zeit und Mut aufwenden oder mögliche Nachteile in Kauf nehmen müssen, wie zum Beispiel einen Auftrag oder eine Beförderung nicht zu bekommen oder auch einfach nur belächelt zu werden, können wir erkennen, ob sie uns wirklich wichtig sind.

Ralf war sogar bereit, für Werte wie Ehrlichkeit und Vertrauen finanzielle Mittel in Millionenhöhe auszuschlagen. Wenn man bedenkt, wie oft wir uns täglich dabei ertappen, dass wir für weit weniger einknicken, verdient Ralfs konsequentes Handeln großen Respekt.

Natürlich gibt es auch eine Menge Menschen unter uns, die Werte im Alltag hochhalten und konsequent leben. In einer wertepluralistischen Gesellschaft, die oft als beliebig und «wertelos» empfunden wird, laufen wir dann allerdings nicht selten Gefahr, unsere Wertekonformität zu übertreiben. Ab wann sind wir nicht mehr nur Spielverderber, sondern werden zum intoleranten Wertefanatiker? Zum unbeliebten Prinzipienreiter, der dauernd das Haar in der Suppe sucht? Zum Moralapostel, der nicht ablässt, uns zu missionieren? Dann, wenn aus bewusster Ernährung eine Religion wird und wir keine Esseneinladung mehr annehmen? Oder wenn wir als Traditionsverbundene jeglichen Fortschritt als Teufelswerk abtun? Wenn wir unbedingt ehrlich dem Chef sagen müssen, was für ein Idiot er ist, und damit unseren Job verlieren?

Eins scheint sicher: Der Grat ist schmal und wir können es offensichtlich mit unserer Wertetreue auch zu gut meinen. Dieses Phänomen beschreibt der vielzitierte Satz von Kurt Tucholsky «Das Gegenteil von gut ist gut gemeint». Denn ob ein maßloser Wertefanatismus in unserem und dem Leben anderer tatsächlich etwas Gutes bewirkt, bleibt fraglich.

Somit scheint mir Ralfs Verhalten in doppelter Hinsicht bemerkenswert normal zu sein. Auf der einen Seite gelingt es ihm, nicht einer Anything-goes-Mentalität zu verfallen und seine Werte uneingeschränkt dem eigenen Vorteilsstreben unterzuordnen. Auf der anderen Seite lebt er sie aber auch nicht in Form einer Null-Toleranz-Wertekonformität aus.

Wäre Ralf ein Anything-goes-Typ, hätte er sich gesagt: «Einmal ist keinmal», und Clemens' Vorschlag zugestimmt. Damit hätte er sich als nicht vertrauenswürdiger Geschäftspartner entpuppt, der seine Interessen über diejenigen anderer und vor jede Moral stellt. Langfristig betrachtet, hätte er vermutlich dadurch alles verloren: Auftrag, Reputation, Freund. Würde er zur Fraktion der Prinzipienreiter zählen, dann wäre das Resultat für ihn das exakt Gleiche gewesen. Er hätte den Vorschlag von seinem Kollegen Clemens auf jeden Fall abgelehnt, hätte sich darüber hinaus aber sicher noch als Moralapostel gegenüber Clemens und seinem Chef aufgeplustert, wenn er erfahren hätte, dass er unwissend und unfreiwillig Opfer eines Experiments geworden war. Vermutlich hätte er beiden erst mal eine Moralpredigt über Test-Ethik gehalten und völlig empört die Geschäfts- bzw. Freundschaftsbeziehung aufgekündigt.

Ralf entschied sich zum einen, seinen Werten treu zu bleiben, und zum anderen, im nächsten Augenblick zwei Augen zuzudrücken. Damit hat er alles gewonnen: Auftrag, Reputation, Freundschaft. Die Kunst der bemerkenswert Normalen scheint folglich in der ausgeglichenen Reaktion auf Wertekonflikte zu liegen. Sie finden ein richtiges Maß an Wertekonformität, die getragen von Empathie nicht zerstörend, sondern erhaltend wirkt. Dass es bei ihnen zu weniger einseitigen Extremhandlungen kommt, haben sie wohl zwei Erkenntnissen zu verdanken: Sie scheinen sich erstens ihrer Werte bewusst zu sein und haben zweitens offensichtlich akzeptiert, dass sich treu zu bleiben kein Gratisakt ist.

«Bemerkenswert-normal-Soundcheck»

Unsere Werte sind ein wesentlicher Bestandteil unserer Identität. Sie beeinflussen in starkem Maße, wie wir die Welt und andere Menschen wahrnehmen und wie wir handeln. Gerade wenn wir uns in einem Wertedilemma befinden, bleibt uns nur dann eine Wahl, wenn wir uns unserer Werte bewusst sind.

Aber was sind unsere Werte? Der Wertepluralismus zählt wohl fraglos zu einer der größten Errungenschaften unserer heutigen Gesellschaft. Rigide kollektive Wertekorsetts früherer Zeiten sind einer schier unendlich großen Vielfalt an akzeptierten, individuellen Wertvorstellungen gewichen. Einzige Nebenwirkung dieser Freiheit ist, dass es in unserer eigenen Verantwortung liegt, aus diesem Wirrwarr einen für uns stimmigen Werteteppich zu knüpfen. Woran sich also orientieren? Zu erkennen, was unsere Werte sind, ist gar nicht so einfach. Wenn wir nicht gerade zufällig einen Ratgeber zum Thema «Meinen Lebenssinn finden» gelesen haben, sind wir uns unserer Werte eher nicht bewusst. Wir haben sie irgendwann mal von unseren Eltern, Lehrern oder anderen Autoritätspersonen, oft verbunden mit einer Art Glaubenssatz, übernommen. «Ohne Fleiß kein Preis» oder «Erst die Arbeit, dann das Vergnügen» sind Ausdruck von solchen, oft unbewusst in uns verankerten Wertvorstellungen, die ganz unmerklich unser Handeln und unsere Bewertungen bestimmen. Und nicht selten geben wir diese Werte ähnlich unbewusst einfach an unsere Kinder weiter.

Bewusstheit ist also eine nötige Voraussetzung, reicht aber allein nicht aus. Wollen wir im Einklang mit unseren Werten leben, müssen wir uns nicht nur ihrer bewusst sein, sondern auch ein Bild davon haben, wie wir sie im Alltag zum Ausdruck bringen wollen, damit wir im Konfliktfall eine maßvoll-wertekonforme Haltung an den Tag legen können.

Hier ein paar Ideen, wie wir uns mit unseren Werten ein wenig bewusster auseinandersetzen und sie in unserem Alltag anklingen lassen können:

Unsere Werte entdecken: Die meisten Ratgeber empfehlen, dass wir uns eine Werteliste anlegen sollen, um uns unserer Werte bewusst zu werden. Wer das mal versucht hat, weiß, dass das gar nicht so einfach ist. Ein kleiner Trick kann hier helfen, indem wir uns zunächst fünf Personen aus unserem Leben vor Augen führen, die wir als Vorbild empfinden. Das sind Personen, die wir sehr schätzen, die uns wichtig sind oder die wir vielleicht auch bewundern. Entweder aus unserem Bekanntenkreis oder auch berühmte Persönlichkeiten. Wir notieren uns diese Personen auf ein Blatt Papier und dahinter die Eigenschaften, die wir besonders an diesen Menschen schätzen. Von diesen Eigenschaften können wir dann mit Hilfe einer Werteliste auf unsere dahinterstehenden Werte zurückschließen, die uns wichtig erscheinen.[41]

Natürlich können wir auch von der anderen Seite herangehen und uns fragen, was uns eigentlich daran hindert, unsere Kinder zu ohrfeigen, oder was uns bisher abgehalten hat, jemanden zu ermorden? Solche zugegeben sehr gewagte und provokante Lebensfragen hat übrigens Max Frisch ersonnen.[42] Etwas weniger dramatisch können wir uns auch fragen, was uns davon abhält, einfach nur auf dem Sofa rumzulümmeln oder Migranten die Schuld für unsere Lebensunzufriedenheit zu geben etc. …

Ein wert-voller Tag: Tatsächlich glaube ich, dass wir nicht damit sparen sollten, unseren Werten – insbesondere jenen jenseits des eigenen Vorteilsstrebens – im Alltag Leben einzuhauchen. Denn unser Leben im Einklang mit unseren Werten zu gestalten, ist größtenteils einfach Übungssache bzw. eine positive Gewohnheit, die wir zur Routine werden lassen können. Nehmen wir zum Beispiel den Wert Dankbarkeit. Warum uns nicht einen Tag lang für unsichtbare Selbstverständlichkeiten, die wir in der Regel einfach entgegennehmen, einmal explizit bedanken? Der Bäckersfrau «Danke» für ihr freundliches Lächeln am Morgen sagen. Dem Autofahrer, der uns ohne weiteres vor sich in die Spur wechseln lässt, oder dem Ehepartner dafür danken, wenn er uns unaufgefordert einen Gefallen getan hat. Das funktioniert selbstverständlich auch mit anderen Werten, wie beispielsweise Hilfsbereitschaft, Ehrlichkeit oder Gemeinschaft.

Wenn uns nicht gleich einfällt, wie wir unseren Werten Ausdruck verleihen können, lohnt sich folgende Überlegung: Woran würden wir denn umgekehrt erkennen, wenn jemand uns gegenüber diese Werte lebt, das heißt, dankbar, hilfsbereit, ehrlich ist? Oder zum Ausdruck bringt, ein Freund zu sein? Das könnte dann auch eine gute Maßgabe für unser Verhalten sein.

Andere nicht in Wertekonflikte stürzen: Wenn wir unsere Werte leben, sollte dies immer auch von Empathie mit und Respekt vor den Werten anderer getragen sein. Deshalb macht es Sinn, dass wir uns ab und zu daran erinnern, dass wir mit unserem möglicherweise sehr edlen – wertekonformen – Handeln unter Umständen andere in Wertekonflikte stürzen können: Wenn wir zum Beispiel von unseren Kindern Ehrlichkeit fordern, dies aber bedeutet, dass sie ihre Freunde verraten müssten; wenn wir unsere Mitarbeiter über andere aushorchen oder wenn wir bei unserer Freundin über andere, ihr nahestehende Personen herziehen. Das sind wohl die Momente, in denen bemerkenswert Normale von ihren eigenen Werten auch mal abrücken können, wenn sie merken, dass sie andere damit in Gewissensnöte bringen. Insbesondere als Autoritätspersonen – Eltern, Lehrer, Führungskräfte oder Politiker – sollten wir uns bewusst sein, dass wir andere in Wertekonflikte stürzen können.

Luxus «Wir»

Zwischen Community-Exhibitionismus und Cocooning

Hanna staunte nicht schlecht. Es war kurz nach acht Uhr morgens, als Kirchner – Finanzvorstand der deutschen Tochter eines internationalen Industrieunternehmens und ihr Chef – unangekündigt in ihr Büro platzte. Neben ihm eine blutjunge Frau, die sich auf ihren atemberaubend hohen Pumps so vorsichtig bewegte wie auf schwankendem Schiffsboden.

Ist die direkt aus dem Kosmetikstudio gekommen?, schoss es Hanna als ersten Gedanken durch den Kopf. Vor ihr stand ein äußerst attraktives weibliches Geschöpf mit langen braunen Haaren, das ganz offensichtlich nicht damit geizte, deutlich zu zeigen, nicht nur theoretisch eine Frau zu sein. An der weißen Bluse war ein Knopf zu viel offen geblieben und die blutroten Lippen waren zwar farblich exakt auf die Nägel abgestimmt, aber insgesamt ein wenig zu knallig. Ihre enge Röhrenhose im Tigerlook ließ eine makellose Figur erkennen, ging aber nach Hanna gar nicht. Und auch die Schmuckfrage hätte Hanna wohl an ihrer Stelle nochmal überdacht.

«Das ist Frau Neumann, meine neue Assistentin», kam Kirchner ohne ein Guten Morgen direkt zur Sache und zeigte auf die junge Frau, die wie eine Schülerin am ersten Schultag völlig verunsichert hinter ihm in der Tür stand. «Das ist Frau Hanna Arndt. Sie leitet mein wichtigstes strategisches Projekt. Die Umstellung unseres Reportings auf ein neues IT-System. Frau Arndt, ich hatte Ihnen ja gesagt, dass Frau Neumann heute bei uns beginnt.» Nein, hatte er nicht. Wie immer, dachte Hanna. Das ist es wohl, was man mit digitaler Demenz bezeichnet. Aber egal. Konnte ja die Frau – oder sollte Hanna besser Mädchen sagen? – nichts dafür.

Ohne zu zögern ging Hanna sofort mit ausgestreckter Hand auf ihre neue Kollegin zu und begrüßte sie in jenem herzlichen Ton, der sie bei ihren Kollegen so beliebt machte: «Herzlich willkommen, Frau Neumann! Ich wünsche Ihnen einen guten Start und wenn Sie Fragen haben, meine Tür steht immer offen. Ich bin übrigens Hanna!» «Danke, ich bin Elena», erwiderte die Neue sichtlich erleichtert, als hätte sie gerade eine Prüfung bestanden. Sie schüttelte Hanna so überschwänglich die Hand, dass diverse Armreifen an ihrem Arm lautstark klimperten.

Au weia, dachte Hanna sofort. Ob das mal gut ginge? Sie kannte Kirchner lange genug, um zu wissen, dass er ein Faible für junge hübsche Frauen hatte und absolut nichts davon hielt, dass man sich zur Arbeit wie zur Beerdigung anzog. Seine Womanizerallüren sorgten regelmäßig für Gesprächsstoff in der Kaffeeküche. Genauso regelmäßig war Hanna immer wieder für den Umstand dankbar, dass sie mit ihren Ende dreißig glücklicherweise nicht in sein Beuteschema passte. Aber Elena …?

Wurscht, verbot sie sich weiterzudenken. In erster Linie war Elena für Hanna jetzt mal eine neue Kollegin, mit der sie zusammenarbeiten musste. Vermutlich nicht besonders eng, aber ihr Projekt verlangte nach häufiger, leider auch oftmals kurzfristiger Abstimmung mit ihrem Chef, da war ein reibungsloses Zusammenspiel mit der Sekretärin auf jeden Fall hilfreich. Am besten ging sie mal mit ihr lunchen. Vielleicht war sie ja auch ganz anders, als ihr erster Eindruck es vermuten ließ.

Und tatsächlich musste Hanna ihre anfängliche Wahrnehmung von Elena bereits nach wenigen Wochen korrigieren. Man tat ihr unrecht, wenn man sie nur auf ihr Äußeres reduzierte. Nachdem sie ihre erste Unsicherheit abgelegt hatte, entpuppte sich Elena als ziemlich clevere, aufgeweckte und, was Hanna am besten gefiel, extrem witzige Kollegin. Schon beim ersten gemeinsamen Lunch hatten sie herzlich miteinander gelacht. Wer hätte gedacht, dass sich hinter diesem etwas aufreizenden Kleidungsstil eine so bodenständige, zugängliche und auch zuverlässige junge Kollegin verbarg, die vielleicht noch etwas unerfahren war, aber durchaus kompetent ihren Job machte? Auch bei den Kollegen war Elena schnell sehr beliebt und es dauerte nicht lange, da gehörte Elena zum eingeschworenen harten Kern der Finanzabteilung, der sich auf Hannas Initiative einmal in der Woche zum «Bier-nach-Vier» nach Arbeitsschluss traf.

Umso mehr glaubte Hanna ihren Ohren nicht zu trauen, als sie hörte, was Jürgen – einer ihrer engsten Projektkollegen – ihr an jenem Montagmorgen nach ihrem verlängerten Wochenend-Kurztrip brühwarm erzählte. «Schon gehört?», fragte er aufmerksamkeitsheischend, während sie sich gerade daranmachte, ihre bequemen Ballerinas gegen die Büro-Highheels einzutauschen. Hanna ahnte, jetzt würde mal wieder dreckige Wäsche gewaschen. Auch in ihrer Firma wurde – wie überall – einer allgemeinen Empörungslust gefrönt. Eine Firma ohne Getratsche, Lästereien oder Gerüchte musste wohl erst noch erfunden werden.

«Guten Morgen erst mal, lieber Jürgen!» konnte sich Hanna eine kleine Lektion in Sachen Höflichkeit nicht verkneifen. «… und nein, ich habe nichts gehört. Aber ich bin sicher, du wirst mich gleich auf den neuesten Stand bringen», fuhr Hanna gespielt beiläufig fort, während sie sich in die Highheels zwängte und ihren PC hochfuhr. Sie war sich sicher, dass in den vier Tagen, in denen sie mit ihrem Freund in Lissabon gewesen war, nicht viel passiert sein konnte.

«Der Kirchner und die Neumann …», platzte Jürgen heraus und ersetzte den Rest durch eine eindeutige Handbewegung. Sein spöttischer Gesichtsausdruck hatte fast etwas Triumphierendes. Nach dem Motto: «Siehste, ich hab's ja immer gewusst.»

«… beim Betriebsfest, letzten Freitag!» Das Betriebsfest! Stimmt ja. Das hatte Hanna völlig vergessen. «Die Schmidt hat die beiden oben im Kopierraum in flagranti erwischt, als sie grad … du weißt schon …» Nein, sie wusste nicht. Und war sich auch nicht sicher, ob sie es überhaupt genauer wissen wollte.

Wenn Hanna schockiert war, ließ sie es sich auf jeden Fall nicht anmerken. «Na, vielleicht war die Schmidt ja auch nicht mehr ganz nüchtern», versuchte Hanna die Situation zu neutralisieren. In Wahrheit musste Hanna aber erst mal verdauen, was sie da gehört hatte. Hatte Elena das tatsächlich getan oder war sie da vielleicht nur in was reingeraten? Oder war das Ganze eine gezielte Verleumdung gegen Kirchner? Und wie sollte sie Elena jetzt begegnen? Sie einfach anrufen, darauf ansprechen? Sich zurückhalten? Sie meiden? So tun, als hätte sie nichts gehört?

Nein, das konnte sie nicht. Als Jürgen ihr Büro verlassen hatte, wählte sie sofort die Durchwahl von Elena. Aber die hatte sich offensichtlich krankgemeldet. Sie rief Elena auf ihrem Handy an. Auch da Fehlanzeige. Elena schien wie vom Erdboden verschluckt. Hanna ahnte, dass sie wohl weniger krank als vielmehr auf der Flucht vor den verurteilenden Blicken und dem verletzenden Getuschel der Kollegen war. Und vermutlich zu Recht, wie sie sich bereits kurz danach bei ihrem täglichen Gang zur Kaffeeküche überzeugen lassen musste.

Noch bevor sie den Raum betreten hatte, hörte sie bereits Thomas, den IT-ler aus dem vierten Stock, vom Tisch aus der Ecke wettern: «... also, wenn der das jetzt wieder überlebt, dann weiß ich auch nicht. Vor dem ist ja echt keine sicher, die nicht bei drei auf den Bäumen ist», ereiferte er sich. «Die Neumann hat's aber auch drauf angelegt. Die saß ihm ja quasi immer schon auf dem Schoß. So billig, wie die sich angezogen hat. War ja schon grenzwertig nuttig», spottete Britta aus der Buchhaltung, die direkt am Kaffeeautomaten stand, zu dem sich Hanna mittlerweile wortlos geschlichen hatte. «Hab' mir auch gleich gedacht, dass die wohl sein nächstes Opfer wird. Selbst schuld», stichelte Jochen aus der Complianceabteilung. «Möchte nicht wissen, wie lange das schon ging. Würde mich nicht wundern, wenn die ihre kleinen Treffen auch noch auf Firmenkosten abgerechnet haben», legte er nach. «Hoffe nur, der Kirchner wird jetzt endlich mal zur Rechenschaft gezogen. Die da oben meinen ja immer, sie könnten sich alles erlauben. Und am besten nimmt er seine kleine Schlampe dann gleich mit. Um die ist es ja wirklich nicht schade», doppelte Lars aus der Procurementabteilung nach, der im Betriebsrat saß und bekannt dafür war, kein Blatt vor den Mund zu nehmen.

Das ist ja unerträglich, dachte Hanna. Sie tat vorsichtshalber so, als hätte sie das Gespräch gar nicht mitverfolgt, und hoffte insgeheim, sie könnte sich ungesehen wieder vom Acker machen. Doch als sie sich gerade anschickte, die Küche wieder zu verlassen, rief Jochen quer durch den Raum: «Hey, Hanna. Was sagst denn überhaupt du dazu?»

Hanna hielt inne und seufzte innerlich. Es gab wohl kein Entrinnen. Sie drehte sich um und ging auf ihre Kollegen zu. «Du, was soll ich sagen? Ich find's auch nicht wirklich lustig», entgegnete sie in ihrer üblichen diplomatischen und professionellen Art, für die sie bei Vorgesetzten und Kollegen gleichermaßen geschätzt wurde.

«Aber ich war ja nicht da letzte Woche und deshalb weiß ich ehrlich gesagt auch gar nicht so richtig, was eigentlich wirklich passiert ist.» Normalerweise hätte sie es dabei belassen. Sie hatte gelernt, dass es einfacher war, sich bedeckt zu halten. Im Zweifel besser mal wegschauen und ducken.

Doch irgendwas ritt sie dieses Mal, von ihrer üblichen Linie abzuweichen und klar Position zu beziehen. Mit unmissverständlichem Blick Richtung Lars und Britta fügte sie an: «Und ich halte mich einfach ganz gern an Fakten. Ohne Hintergrundwissen auf einer Kollegin rumzuhacken ist einfach nicht mein Ding. Find ich auch nicht besonders fair.» Überrascht von Hannas ungewohnt scharfen Worten, schauten alle für einen Moment etwas verdutzt drein. Sie fuhr kämpferisch fort. «Selbst angenommen, Elena hat da einen Fehler gemacht und vielleicht sogar noch provoziert – hey, die ist ein junges Mädel! Wer von uns hat mit zwanzig nicht auch mal einen Fehler gemacht? Sie ist doch das Opfer in der Geschichte. Sollten wir ihr da nicht eher zur Seite stehen?» – Wow. Hanna war selbst verblüfft, zu welch leidenschaftlichem Plädoyer in Sachen Solidarität sie fähig war. Sie befürchtete schon, ihre Kollegen würden sie gleich allesamt auslachen und als hoffnungslos naiv und weltfremd verhöhnen.

Aber zu Hannas Erstaunen geschah nichts dergleichen. Im Gegenteil. Jochen brummte: «Hast ja recht», und auch Thomas räumte ein, dass er Elena zwar immer etwas überdreht, aber eigentlich sehr nett gefunden hatte. Lars schien sich auch plötzlich wieder an seinen Auftrag als Betriebsrat zu erinnern und gestand ein, dass seine Bemerkung wohl etwas unter die Gürtellinie geraten war. Einzig Britta verteidigte trotzig ihre Haltung, Elena verdiene kein Mitgefühl. Die überwiegende Betroffenheit der Runde machte Hanna mutig: «Komm, ich versuche nachher nochmal, sie anzurufen, und frage, wann sie wieder da ist – und dann nehmen wir sie zum ‹Bier-nach-Vier› mit. Jeder hat schließlich eine zweite Chance verdient.»

Dank Hannas Überredungskünsten erschien Elena tatsächlich am übernächsten Tag wieder zur Arbeit und kam mit ihrer Schützenhilfe sogar zum allwöchentlichen After-Work-Drink mit. Auch wenn der Umgang miteinander natürlich an diesem Abend noch nicht die gleiche Zwanglosigkeit erreichte wie vor der Geschichte mit Kirchner, schienen alle inklusive Hanna erleichtert, dass wieder ein bisschen Normalität eingekehrt war.

Als sich Elena relativ früh wieder nach Hause verabschiedete, gab sie Hanna als einziger explizit die Hand und nahm sie ein wenig beiseite. «Ich wollte dir noch sagen, ich habe gekündigt und bin ab sofort freigestellt. Wahrscheinlich wird es dann morgen kommuniziert … – Ist besser so», beeilte sie sich das Gespräch zu beenden. Noch rechtzeitig, bevor Hanna etwas erwidern konnte. Aber zu spät, um zu verbergen, dass ihr die Tränen in die Augen schossen. «Danke trotzdem für alles. Vor allem, dass du zu mir gestanden und mich für meinen Fehler nicht verurteilt hast.»

Was ich bemerkenswert normal an dieser Geschichte finde

Uns allen sind Freundschaften und gute kollegiale Beziehungen wichtig. Bemerkenswert finde ich, dass Hanna sich nicht nur für jene Verbindungen einsetzt, die ihr persönlich «etwas bringen», sondern sich auch verantwortlich fühlt für eine gute Gemeinschaft in der Abteilung. Ein gutes Miteinander scheint ihr so wichtig, dass sie dafür auch ganz bewusst auf den üblichen Be- und Verurteilungsdrang verzichtet, den wir gegenüber allem und jedem täglich kultivieren. Damit ist unser Hang nach permanenter Kommentierung von anderen gemeint. Vorzugsweise in negativer Konnotation: «So ein Idiot, wie fährt der denn …?», «Wie sieht denn die wieder aus …?», «Typisch Macho …».

Vermutlich sind wir alle in einer gewissen Hassliebe in Bezug auf solche Lästereien über andere gefangen. Einerseits tut es ehrlicherweise einfach saugut, uns mal so richtig Luft zu verschaffen, zum Beispiel über einen Kollegen, der uns gerade im Meeting bloßgestellt hat. Andererseits wissen wir intuitiv, wie verletzend und beziehungsschädigend es sein kann, sich über andere hinter deren Rücken auszulassen. Spätestens wenn wir selbst davon betroffen sind.

Doch wenn wir ehrlich sind, ist es uns häufig einfach zu lästig, diesen moralischen Kampf der berühmten zwei Seelen in unserer Brust täglich auszufechten. Und so nehmen wohl die meisten von uns die Einladung zum Lästern der Einfachheit halber dankend an. Es hat ja auch was ungemein Befreiendes, mit anderen mal wieder richtig vom Leder zu ziehen. Nicht selten werden wir sogar noch mit Applaus und Likes belohnt, je schäbiger wir andere durch den Kakao ziehen und kein Blatt vor den Mund nehmen. Ist dieses «Bashing» im Schutze der Community nicht auch eine Form der Solidaritätsbekundung zu den Kollegen? Schließlich wollen wir keine Außenseiter sein oder ungesellig wirken. Also sagen wir uns vermutlich meistens «Was soll's!» und stimmen ein, wenn sich unsere Freundin bei uns über ihre maßlos unverschämte Bürokollegin auslässt oder wir uns süffisant mit unseren Kollegen in der Kantine über die etwas zu deutlich sichtbar gefärbten Haare des Vorstands mokieren. Nicht selten fühlen wir uns im heimeligen Schutz – oder auch Sog – der Gemeinschaft dabei von jeglicher moralischer Instanz entbunden. Erst recht virtuell in der komfortablen anonymen Geborgenheit des Internets.

Geht es uns dann doch mal zu sehr unter die Gürtellinie, gehen wohl die meisten von uns auf Tauchstation. Wir machen einen weiten Bogen um bestimmte Personen, gesellige Anlässe oder Feste und vermeiden auf diese Weise die Gefahr potenzieller Verbrüderungsaktionen. Und während wir vornehm unser sozial isolierendes Einzelgängertum pflegen, fühlen wir uns insgeheim als die besseren Menschen und verurteilen all die Lästermäuler um uns herum mit galliger Schärfe.

Das bemerkenswert Normale an Hannas Verhalten finde ich, dass sie sich weder hinreißen lässt, gedankenlos mit zu lästern, noch sich einfach zurückzieht. Sie meidet die Zusammenkunft mit den Kollegen nicht. Wird aber auch nicht zur blinden Mitläuferin, die sich vom Gruppenzwang verleiten lässt, über die Kollegin herzuziehen, um sich die Zugehörigkeit und Beliebtheit in der Abteilung zu sichern. Sie schafft den heiklen Brückenschlag in der Grauzone zwischen Dazugehören und trotzdem integer bleiben.

Das heißt nicht, dass sie ihre Meinung unterdrückt. Im Gegenteil. Sie tut diese kund. Allerdings bleibt sie dabei immer auf Augenhöhe mit allen anwesenden und abwesenden Kollegen, und achtet darauf, niemanden anzugreifen, bloßzustellen oder Schuldige zu suchen. Stattdessen versucht sie Brücken zu bauen, indem sie herausstellt, was die Beteiligten miteinander verbindet, nicht was sie trennt.

Mit anderen Worten: Sie widersteht der Versuchung, sich Zugehörigkeit, Beziehungen, Vertrauen und Beliebtheit bzw. Akzeptanz der Kollegen auf Kosten der Herabsetzung oder des Ausschlusses anderer zu erkaufen. Und gewinnt mit ihrer authentischen, ehrlichen und integren Art genau das: Vertrauen, Beliebtheit und Zugehörigkeit.

Hand aufs Herz, wer hätte sich für Elena so aktiv aus dem Fenster gelehnt? Wer wäre so beherzt für jemanden in der Situation der Niederlage eingestanden, ohne an die Folgen zu denken? Wir alle wissen, dass es eher mit Risiken für unsere eigene Reputation behaftet ist, wenn wir uns für eine «Persona non grata» einsetzen. Zum Beispiel, dass sich Kollegen von uns abwenden oder auch Vorgesetzte unsere Loyalität in Frage stellen. Zum Schutz der eigenen Interessen sagen wir uns somit in der Regel relativ rasch los von in Ungnade gefallenen oder gekündigten Kollegen – egal, wie gut wir uns vorher mit ihnen verstanden haben.

Doch Hanna riskiert all das. Dieses Verhalten ist umso bemerkenswerter, wenn wir uns klarmachen, dass sie das tut, obwohl sie mit Elena weder eine dicke Freundschaft verband noch ihre Vorgesetzte war, so dass sie von Amts wegen zu einem entsprechend fürsorglichen Verhalten verpflichtet gewesen wäre.

Vielmehr war es wohl allein der Umstand, dass sie das gute Miteinander, das gewachsene Gemeinschaftsgefühl, das gesunde «Wir» für so wertvoll hielt, dass sie sich aktiv dafür einsetzte. Vermutlich ist das der Grund, weshalb wir Menschen wie Hanna so sehr schätzen. Sie praktizieren etwas ganz Normales, aber heute eher selten Gewordenes: Empathie und aktive Verantwortung für die Beziehungsqualität um uns herum.

«Bemerkenswert-normal-Soundcheck»

Es lohnt sich meiner Ansicht nach immer, in gute Beziehungen zu investieren. Privat wie bei der Arbeit. Sie sind neben unserer Gesundheit wesentlichster Glücks- und Zufriedenheitsfaktor in unserem Leben. Dabei sind es vor allem Beziehungen, in denen wir Verbundenheit, Zugehörigkeit, Vertrauen, Wertschätzung und Liebe spüren, die unsere Lebenszufriedenheit, aber auch Leistungsfähigkeit und unser gesamtes Wohlergehen beflügeln. Und obwohl es mit all den technischen Möglichkeiten nie einfacher war als heute, Kontakte aufzubauen und zu pflegen, erleben wir, dass die Qualität unserer Verbindungen paradoxerweise eher leidet. Es scheint fast so, als würden die vielen Interaktionsangebote die Entwicklung unserer Beziehungen sogar eher verhindern. Durch die technischen Möglichkeiten werden wir verleitet, etliche soziale Kontakte am Tag über verschiedene Kanäle zu unterhalten. Kommen dabei aber über kurze Staccato-Interaktionen meist nicht hinaus, so dass wir menschliche Qualitäten wie Vertrauen, Verbundenheit, Gemeinschaftsgefühl, die mehr Zeit und Aufmerksamkeit brauchen, gar nicht mehr entwickeln können.

Wollen wir diese Qualitäten mal wieder etwas bewusster in unseren Beziehungen anklingen lassen, hier ein paar Ideen dazu:

Bewertungs-Stopp: Es gibt wohl kaum eine Gewohnheit, die unkontrollierter in unserem Leben ihr Unwesen treibt, als unser Drang, uns selbst, andere und unsere Umgebung dauernd zu bewerten. Von morgens bis abends bewerten wir alles und jeden: Wie blöd, dass das Wetter wieder so schlecht ist. Die Tante am Kiosk hat wohl auch nicht das Arbeiten erfunden, wie lahm die wieder mal ist. Permanente Bewertung – zumal negative – ist anstrengend, zermürbt uns und unsere Beziehungen. Dabei wusste schon Shakespeare: «Denn an sich ist nichts weder gut noch böse; das Denken macht es erst dazu.» Warum uns nicht zu Übungszwecken ab und zu einen bewertungsfreien Tag gönnen? Wenn wir uns ertappen, wieder mal negativ zu bewerten, tauschen wir die Bewertung einfach mal gegen eine neutrale Beobachtung aus und überlegen uns umgekehrt, was positiv daran sein könnte: Es regnet – das tut der Natur gut. Die Kassierin an der Kioskkasse nimmt sich sehr viel Zeit für jeden – sie will jedem Kunden gerecht werden.

Wenn wir statt bewerten nur beschreiben, was auch andere wahrnehmen können, sinkt unser Puls und wir gehen gleich ganz anders auf unser Gegenüber zu. Probieren lohnt!

Beziehungspflege: Eine gute Beziehungsqualität lässt sich nach meiner Erfahrung am einfachsten mit einer konsequenten Nutzung der folgenden vier Worte aufrechterhalten: *Bitte, Danke, Es tut mir leid,* und *Ich habe einen Fehler gemacht.* Speziell in langjährigen Partnerschaften, aber auch im hektischen virtuellen Alltag am Arbeitsplatz gehen diese vier Worte über die Zeit oftmals verloren. Oder wann haben wir unserem Partner das letzte Mal gedankt, dass er uns neulich den Rücken freigehalten hat? Unserem Mitarbeiter, dass er wieder mal ungefragt länger geblieben ist? Wann haben wir das letzte Mal zugegeben, dass wir uns bei den Schwimmbad-Öffnungszeiten geirrt haben? Ich habe festgestellt, dass diese vier Worte – regelmäßig und ehrlich angewandt – das Immunsystem von Beziehungen stärken können, weil sie signalisieren: Du bist mir nicht egal. Und es scheint, dass sich dann die eine oder andere Meinungsverschiedenheit wie ein kleiner Schnupfen schnell kurieren lässt und sich nicht gleich zur ausgewachsenen Lungenentzündung entwickelt.

Wertschätzung: Das schönste Geschenk, das wir einem Menschen heute machen können, ist unsere ungeteilte Aufmerksamkeit. Wie äußert sich die? Wenn wir jemanden treffen, blinkt kein Handy auf dem Tisch oder klingelt in der Tasche. Wenn wir mit jemandem telefonieren, schreiben wir im Hintergrund keine E-Mails oder surfen im Internet. Wir texten aber auch unser Gegenüber nicht ohne Pause zu. Ungeteilte Aufmerksamkeit bedeutet, dem anderen Raum zu schenken, sich für seine Meinung, seine Ansicht, sein Befinden oder seinen Rat zu interessieren. Damit beglücken wir ihn in diesem Moment mit dem schönsten, was wir einem Menschen entgegenbringen können: mit Respekt und dem Gefühl, als gäbe es gerade nichts Wichtigeres auf dieser Welt als diese Begegnung.

Wir-Gefühl: Wenn es ein Rezept für ein gutes Miteinander gäbe, dann würde es mit Sicherheit auf dieser Grundregel fußen: *Über Abwesende wird so geredet, als seien sie anwesend.* Ich glaube, wenn wir, wie Hanna, stets dafür sorgen, dass Menschen sich auf Augenhöhe und mit einem Grundrespekt begegnen – d.h. andere nicht herabsetzen –, dann kann nicht so furchtbar viel schiefgehen. Im Grunde bedeutet es, dass wir uns gleich respektvoll verhalten, egal ob wir einen Obdachlosen, einen CEO oder unseren Arbeitskollegen vor uns haben. Das Entscheidende, aber auch Schwierigste bei dieser Regel ist, ihr auch dann treu zu bleiben, wenn andere um einen herum sie verletzen oder sie gegenüber uns selbst verletzt wird …

Ferien vom Selfie

Zwischen Aussteigerromantik und Selbstoptimierungsdressur

Anfang dreißig, promoviert, ambitioniert – Markus gehörte zu den sogenannten High Potentials eines großen internationalen Unternehmens. Das sind jene jungen Nachwuchskräfte, die man für fähig hält, einmal größere Verantwortung in der Firma zu übernehmen. Sorgfältig auserwählt, fühlen sich die meisten unter ihnen zunächst geschmeichelt und nehmen im ersten Moment gar nicht bewusst wahr, dass dieses Label für Zuckerbrot und Peitsche gleichermaßen steht. Denn das Unternehmen knüpft an die Nachwuchselite ihrer Organisation entsprechend hohe Erwartungen, frei nach dem Motto: «Wir glauben, du hast das Zeug, aber du musst es uns jetzt auch noch beweisen.» Dafür genießen die Kandidaten allerdings auch einen Sonderstatus in Sachen Aufmerksamkeit und ernten das Privileg, dem Dunstkreis der ganz Mächtigen näherkommen zu dürfen als der Otto Normalmitarbeiter. Bei exklusiven Kaminabenden mit dem Vorstandsvorsitzenden und ausgestattet mit einem persönlichen Mentor aus dem Kreis der Topmanager, gewährt man den jungen Hoffnungsträgern immer mal wieder einen kurzen privilegierten Blick hinter die Kulissen der sonst verschlossenen Türen der Chefetagen. Kleine, wohldosierte Endorphinshots, die die Karrierefantasien und die Leistungsbereitschaft immer wieder anheizen sollen.

Wie alle freute auch Markus sich über diese Auszeichnung, sich zu den High Potentials zählen zu dürfen. Er hatte immer viel gearbeitet und es hatte ihm auch immer Spaß gemacht. Dafür nun auch entsprechende Anerkennung zu erhalten, machte ihn stolz. Und ja, er war ambitioniert und bereit, mehr Verantwortung zu übernehmen. Er wollte seine Führungskarriere in diesem global tätigen Versicherungskonzern machen und identifizierte sich voll und ganz mit der Firma, ohne Wenn und Aber. Wenig verwunderlich, wurde er deshalb oft in strategisch wichtigen Projekten eingesetzt, was immer auch überdurchschnittlichen Arbeitseinsatz bis spät am Abend mit sich brachte. «Das ist halt im Moment so. Wenn wir das Ding mal durchhaben, wird's wieder besser», vertröstete er dann jeweils seine Freundin.

Es war an einem viel zu warmen Oktoberabend, als seine Wunschvorstellung einer kontinuierlich aufsteigenden Karrierelinie einen ersten kleinen Riss erhielt. Er hatte die Ehre, von seinem derzeitigen Chef und Mentor, dem Regionenleiter Dr. Schneider, zum Dinner eingeladen worden zu sein. Es war für beide mehr als nur die im High-Potential-Programm vorgesehene Pflichtübung zur Bindung der besten Mitarbeiter. Markus schätzte seinen Chef sehr. Und er wusste, dass auch Schneider auf ihn große Stücke hielt. Der ambitionierte Konzernveteran konnte ihm sicherlich nicht nur viele Tipps und Hinweise für seine Karriere geben, sondern ihm auch konkret Türen öffnen.

In der typisch ehrfürchtigen Atmosphäre eines führenden Gourmetrestaurants der Stadt ließen sie sich Jakobsmuscheln und Garnelen bei einem auserlesenen weißen Bordeaux Sauvignon blanc munden, der als reiner Essensbegleiter fast ein wenig zu charakterstark war. Sie diskutierten zunächst über die Marktlage und über sonstige, eher oberflächliche Geschäftsthemen.

Je weiter sich die Bordeauxflasche leerte und sie sich dem Digestif näherten, fielen zunehmend alle zelebrierten Förmlichkeiten von ihnen ab. «Ich bin übrigens der Helmut», bot Schneider ihm – sein Glas erhebend – schließlich das Du an. Markus frohlockte innerlich über diesen Ritterschlag. In der nächtlichen zenhaften Ruhe des mittlerweile leeren Restaurants kam Schneider fast ein wenig ins Sinnieren. Er lehnte sich zurück und schwenkte nachdenklich sein Weinglas. «Du hast echt was drauf, Markus. Aber eins muss dir klar sein», seine Augen verengten sich. «Wenn du hier was werden willst, brauchst du eine Menge Ehrgeiz und Durchhaltevermögen. Da gibt's keine andere Priorität mehr. Das heißt dann auch Familie und Freunde hintanstellen.» Es war eine Mischung aus Mahnung und väterlicher Fürsorge, die hier aus ihm sprach. «Weißt du, falls für mich tatsächlich irgendwann die Tür zur Konzernleitung aufgehen sollte und es dafür nötig wäre, meine Familie hier zu lassen, dann müsste auch ich zu diesem Opfer bereit sein – und das wäre ich.»

Markus war eigentlich nicht direkt überrascht über diese Aussage. Er kannte Schneider als äußerst ambitionierten Menschen, der bereits eine imposante Karriere im Unternehmen durchlaufen hatte, und es war kein Geheimnis, dass er für weitere Schritte offen und mit Mitte fünfzig im besten Alter dafür war. Und trotzdem kratzte ihn dieser Satz ein wenig im Abgang, als er ihn mit seinem letzten Schluck Bordeaux runterspülen wollte.

Als etwa sechs Monate nach diesem Gespräch das Angebot kam, als «Head Business Strategy» in die oberste Stabsabteilung der Konzernzentrale zu wechseln, hatte Markus den Satz längst wieder vergessen. Da war sie, die langersehnte Möglichkeit, sich für höhere Positionen zu qualifizieren. Markus' Konzernkarriere hatte nun endlich Fahrt aufgenommen. Er musste nun einfach gut am Wind mitsegeln. Dass er dafür seinen Wohnort an die siebenhundert Kilometer weit entfernte Konzernzentrale ins Ausland verlegen und zum Wochenendpendler werden musste, war ein Wermutstropfen. Aber dank dem doppelten Gehalt, das ihm winkte, war das verkraftbar. Seine Freundin – mittlerweile Ehefrau – war darüber nicht sonderlich begeistert. Aber sie stimmte zu, als Markus mit seinem zukünftigen Chef erst mal eine dreimonatige Probephase vereinbarte. Falls es klappte, wollten sie dann gemeinsam umziehen.

Aber dazu kam es nicht. Es ging genau drei Monate, dann war ihm klar: Er musste kündigen. Es war ein schleichendes, sich aber stetig steigerndes Unwohlsein gewesen, an dessen Ende er sich auf ihm unbekannte Weise so miserabel gefühlt hatte, wie er es vorher noch nie erlebt hatte. Jede Nacht wurde mit akribischer Pedanterie an Powerpoint-Präsentationen gefeilt und stundenlang darüber gefeilscht, ob die Balken in den Grafiken nun hellblau oder dunkelblau schattiert werden sollten, als hinge der Weltfrieden davon ab.

War das die Vorstellung von Strategiearbeit? Zunächst war Markus über diese realitätsfernen Debatten, in denen Form über Inhalte gestellt wurde, lediglich befremdet. Irgendwann aber fand er es nur noch absurd, dass so smarte, intelligente Mitarbeiter mit exorbitanten Gehältern bis um 23:45 Uhr über die Größe der Bullet-Points diskutierten, und fragte sich, ob das tatsächlich im Sinne des Unternehmens sein konnte. Als er mitbekam, wie ein Kollege von seinem cholerischen Chef für einen Rechtschreibfehler in der Fußnote wie ein Schuljunge vor allen lautstark in den Senkel gestellt wurde, begann er zu realisieren, dass seine Kollegen sich mit ihren Verhaltensweisen lediglich äußerst gut an das geltende System von Zuckerbrot und Peitsche angepasst hatten. Da dämmerte es ihm. Das hohe Gehalt schien nicht so sehr Kompensation für die intellektuelle inhaltliche Leistung zu sein, die man sich auf dieser Stufe mit ausgewählten Experten auf höchstem Niveau sichern wollte. Es war wohl eher Schmerzensgeld für Unterwerfung und Erniedrigung.

Aber Markus war niemand, der schnell die Flinte ins Korn warf. Er wollte nicht glauben, dass man so wertvolles Know-how nur zum Pinseln von Präsentationsfolien brauchte. Also suchte er das Gespräch mit den Kollegen. Erschrocken über das Ausmaß an Resignation und Mutlosigkeit, rief er schließlich seinen ehemaligen Chef und Mentor Schneider an, um sich Rat zu holen. Selbstverständlich mit gebotener Vorsicht, schließlich war er es gewesen, der ihm die Tür zu diesem Karrieresprungbrett geöffnet hatte. Aber er schätzte ihre Beziehung als vertrauensvoll genug ein. «Wir mussten alle mal Staub fressen in unserer Karriere», beschwichtigte ihn Schneider in väterlicher Manier und versprach: «Mach das jetzt mal eine Zeit lang. Da hast du ein gutes Exposure. In einem Jahr hole ich dich dann da raus.»

Aha. Musste er das als eine Art Test verstehen, ob er uneingeschränkt loyal mit dem Unternehmen war? Bereit, sein Hirn abzuschalten wider besseres Wissen? In diesem Moment wurde Markus klar, dass er nicht zum unkritischen Befehlsempfänger werden konnte wie seine Kollegen. Egal zu welchem Gehalt. Und es war sicher kein Zufall, dass er genau in diesem Moment an seine Großmutter denken musste. Eine sehr vermögende Frau, die aber in den Kriegswirren alles verloren hatte, auch ihren Mann. Mit drei kleinen Kindern, ohne Ausbildung, ohne Geld und Bleibe musste sie nochmal von vorn anfangen. Trotzdem hat sie über diesen Abschnitt ihres Lebens nie ein negatives Wort verloren, geschweige denn gejammert. Sie hat es auf eindrucksvolle Weise geschafft, sich durch die schweren Zeiten nicht verbiegen zu lassen und ihren Werten treu zu bleiben. «Egal, was du im Leben tust, du solltest es immer vor dir selbst vertreten können», hatte sie stets gesagt. Es war wohl genau dieses Lebensmotto seiner Großmutter, das ihm in diesem Moment das nötige Grundvertrauen gab, dass es da irgendwo einen Karriereweg geben musste, der ihm ermöglichte, sich treu zu bleiben.

Und Markus entschied, sich auf die Suche zu machen, diesen zu finden. Nachdem klar war, dass seine Frau diese Entscheidung mittragen würde, kündigte er, blieb aber aus Fairnessgründen noch ein paar Monate länger, was von seinem Chef dankbar angenommen wurde und ihm ermöglichte, die Türen in gegenseitigem Respekt zu schließen. Trotz allem hatte er der Firma auch viel zu verdanken.

Zunächst zog es ihn raus in die weite Welt. Zusammen mit seiner Frau fuhr er im Wohnmobil quer durch Australien, um festzustellen, dass Aussteigen nicht sein Weg war. Er wollte seine Karriere fortsetzen. Er wollte etwas bewegen, Verantwortung übernehmen und sein Wissen und seine Tatkraft in die Dienste der Wirtschaft stellen.

Er versuchte es zunächst als selbständiger Unternehmensberater. Aber er merkte schnell, dass ihm diese Form der Arbeit zu einsam war. Er war nun mal eher der Team-Typ. Mit jedem seiner Schritte wurde ihm klarer, was er suchte: ein gesundes Gleichgewicht zwischen Eigenständigkeit und Fremdbestimmung. Er begriff, dass er das weder im Großkonzern noch in der Selbständigkeit, noch mit einem Komplettausstieg aus der Gesellschaft erreichen würde. Wohl eher bei kleinen und mittelständischen Unternehmen. Mit dieser Klarheit im Gepäck wurde er kurze Zeit später Geschäftsführungsmitglied einer mittelständischen Finanzfirma in der Nähe seines Wohnortes, wo er bis heute mit voller Hingabe tätig ist. Mittlerweile ist er zum stellvertretenden CEO avanciert und glücklicher Familienvater von drei Kindern.

Was ich bemerkenswert normal an dieser Geschichte finde

Das bemerkenswert Normale an Markus' Geschichte ist für mich nicht so sehr, dass er ausgebrochen ist und seine Konzernkarriere an den Nagel gehängt hat. Auch wenn das zweifellos sehr viel Mut erfordert. Ich finde bemerkenswert, dass er sich in Bezug auf sein Bedürfnis nach einer angesehenen Karriere nicht selbst belogen, dieses Ziel aber gleichzeitig auch nicht kompromisslos verfolgt hat.

Mal Hand aufs Herz: Ich glaube, die meisten von uns hätten sich diese einzigartige Möglichkeit einer Konzernkarriere wohl nicht entgehen lassen. Wir hätten in den sauren Apfel gebissen und uns dem System unterworfen und angepasst. Spätestens nach dem Hinweis von Schneider hätten wir uns, trotz Bauchschmerzen, gefügt. Schließlich kriegen wir ja auch von Kindsbeinen an beigebracht: «Von nichts kommt nichts.» Und wenn das eben bedeutet, Tag und Nacht zu arbeiten, sich anzupassen und zu unterwerfen, dann zahlen wir diesen Preis in der Hoffnung, dass uns das irgendwann selbst die ersehnte Macht verleihen wird. Will man sein Glück machen, muss man halt auch zu Opfern bereit sein.

Statt also aufzustehen und nach etwas zu suchen, das uns vielleicht eher entspricht, bleiben wir lieber sitzen. «So ist halt das System», sagen wir uns schulterzuckend und zelebrieren uns lieber als Opfer. Natürlich nicht ohne unserer Umgebung unseren Frust über unsere – nicht als eigene Wahl eingestandene – Situation aufs Brot zu schmieren. Unsere Ehepartner hören dann nicht selten: «Ich mach das ja nur für euch – wenn ich könnte, würde ich auch gern etwas anderes machen.» Oder wir machen uns Luft, indem wir mit Kollegen und Freunden, mehr oder weniger öffentlich über das immer dreister werdende Topmanagement herziehen. Den eigenen Anteil an unserer freiwillig gewählten Machtlosigkeit negierend. Geschweige denn zu erkennen, dass wir mit unserer passiven Mitläuferschaft das, unter dem wir leiden, mithelfen aufrechtzuerhalten.

Natürlich gibt es sicher auch einige unter uns, die – ähnlich wie Markus – eine unterschwellige Empörung gespürt hätten. Aber hätten wir auch diesen sanften und stillen Ausstieg gewählt? Hätten wir unseren Abgang aus diesem, von uns als ungerecht empfundenen System nicht eher mit Pauken und Trompeten wie ein richtiger Wutbürger inszeniert? Schließlich kennen wir ja mittlerweile eine ganze Reihe von solchen medienwirksam inszenierten Aussteigergeschichten, die sich ständig versuchen, an Originalität noch zu übertreffen. Der Investmentbanker, der zum Würstchenbudenbesitzer mutiert, Manager, die alles hinwerfen und sich für die Ausbildung nepalesischer Kinder einsetzen, oder der mutige Teilzeit-Papa, der gleich drei Start-ups nebenher managt. Für Aussteigewillige gibt es unterdessen sogar eine eigene, von prominenten Aussteigern eingerichtete Website, mit dem an Dramatik kaum zu überbietenden Namen «Escape».[43] Hier wird müden Konzernkarrieristen das Aussteigen aus der Sinnleere schmackhaft gemacht und mit sinnhafteren Jobs aus völlig anderen Bereichen gelockt. Aber hält die radikale Kehrtwende vom fremdgesteuerten Duracell-Häschen zum romantischen Gutmensch-Aussteiger wirklich, was sie verspricht? Oder machen wir uns da nicht vielleicht etwas vor und suchen einfach nur eine andere Bühne zur Inszenierung unserer Ego-Motive?

Sicher scheint, dass uns die individuelle Selbstverwirklichung von Generation zu Generation tatsächlich wichtiger wird.[44] Aber ist das nicht auch verständlich? Schließlich ist Identität heute etwas, was uns nicht (mehr) vorgegeben wird. Wir müssen es uns erarbeiten aus den zahlreichen und vielfältigen Möglichkeiten, die unsere Multioptionsgesellschaft bietet. Sind wir angesichts dieser zunehmenden Freiheitsgrade darin besser geworden? Ich weiß es nicht. Von ernsthaften und ehrlichen Reflexionen gescheiterter Aussteiger erfahren wir naturgemäß natürlich selten. Mal abgesehen von jenen, die aus ihrem Versagen eine Trophäe machen und sich in sogenannten «Fucked-up-Nights» dafür feiern lassen.[45] Ich habe lediglich einen Blogartikel gefunden, in dem ein Konzernkarrierist so ehrlich war, zuzugeben, dass sein überstürzter Ausstieg in die Selbständigkeit rückblickend vielleicht doch ein wenig blauäugig war.[46] Aber die Bilanz gescheiterter Start-ups[47] und die Zunahme an Depressionen bei jungen Menschen[48] stimmt zumindest nachdenklich, ob wir mit unserer Selbstverwirklichungskompetenz auf dem richtigen Weg sind. Wenn wir glauben, alles und alle in dieser Welt seien nur dazu da, zur Maximierung unserer individualisierten Selbstverwirklichungsbedürfnisse beizutragen, scheint eine egozentrische Eigendynamik in Gang zu kommen, die nicht selten ihr Ziel eines erfüllteren Lebens verfehlt und, im Gegenteil, uns eher noch mehr Unzufriedenheit zu bescheren droht.

Umso mehr finde ich bemerkenswert, dass Markus sich weder zum Opfer machen lässt noch einem übertriebenen Selbstverwirklichungsprimat folgt. Stattdessen macht er sich auf die Suche nach einem Lebenskonzept dazwischen. Einer Berufslaufbahn, die weder komplett einer fremdbestimmten Selbstdressur folgt noch einfach einem individualistischen Egotrip gleicht. Das gelingt ihm dank seiner kleinen Mini-Experimente. Seine Reise nach Australien und seine Selbständigkeit haben ihm geholfen, nicht auf seine eigene Wahrnehmungsverzerrung reinzufallen und einfach zu glauben, dass das Gras auf der anderen Seite ganz bestimmt grüner ist. Er konnte auf diese Weise ohne großes Risiko testen, wie viel Raum er seinem Bedürfnis nach Selbstbestimmung einerseits und wie viel Raum er seinem Bedürfnis nach sozialer Zugehörigkeit andererseits in seinem Leben einräumen will, damit es ihn dauerhaft erfüllt. Mit dieser selbsterfahrenen Klarheit war es dann ein Leichtes für ihn, die richtige Mixtur von Eigen- und Fremdbestimmung in ein ausgewogenes Lebensmodell umzusetzen.

«Bemerkenswert-normal-Soundcheck»

Woher wissen wir eigentlich, wann wir etwas wirklich wollen, weil wir es wollen – und nicht, weil andere wollen, dass wir es wollen? Diese Gretchenfrage ist tatsächlich schwer zu beantworten. Denn das, was wir im Leben wollen, ist immer ein klebriger Brei aus eigenen Motiven und – meist unbewussten – Erwartungen, die wir von außen an uns gestellt sehen, aus unserer Umgebung, von unseren Partnern, der Gesellschaft etc. Die einen sind eher auf dem Auge blind, dass sie nicht erkennen, was ihre eigenen Bedürfnisse sind. Die anderen kranken eher daran, dass sie die Erwartungshaltung von außen komplett negieren. Auf jeden Fall können wir mit beiden Extremen den Kopf anschlagen. Zählen wir uns zu den Ersteren, ist es wohl an der Zeit, sich etwas aus der Erwartungshaltung anderer zu lösen und Verantwortung fürs eigene Leben zu übernehmen. Gehören wir eher zu den Letzteren, sollten wir unseren Egotrip mal etwas zähmen und uns ab und zu auch bewusst unterordnen. Aber egal, ob wir uns nun der einen oder anderen Fraktion zuordnen, könnte es auf jeden Fall Sinn machen, beide Seiten regelmäßig und ausgewogen in unserem Leben anklingen zu lassen. Wahrscheinlich kommen wir dann einer sinnvollen Mixtur von Eigen- und Fremdbestimmung am ehesten auf die Spur:

Raus aus dem Fremdbestimmungs-Sumpf: Fühlen wir uns mal wieder in äußeren Zwängen gefangen und haben das Gefühl, wir kommen gar nicht zu den Dingen, die uns wichtig sind? Dann sicher auch deshalb, weil wir eher dringenden als den uns wichtigen Dingen im Leben Priorität einräumen. Zu warten, dass uns irgendjemand Zeit einräumt, damit wir endlich den Dingen nachgehen, die für uns wichtig sind, ist so aussichtslos wie das Warten von Dornröschen auf den Prinzen, der sie wachküsst. Wenn wir Mut zur selbstbestimmten und selbstverantworteten Lebensführung finden wollen, müssen wir das selbst angehen. Folgende Fragen können uns helfen, Mut zum Prioritätensetzen zu finden: Wie wichtig ist das, was ich gerade tue, für mich noch in zehn Minuten? In zehn Wochen? In zehn Monaten? In zehn Jahren? Vielleicht hilft uns dieser Impuls, ab und an auch mal wieder Dinge, die uns wichtig sind, in unserem Terminkalender zu priorisieren und andere wegzulassen.

Runter vom Egotrip: Wir haben gern Recht? Finden, wir können es besser als andere? Sehen genau, wie es zu laufen hat, wenn wir nur endlich die Freiheit dazu hätten? Fahren anderen gern an den Karren, wenn sie eine andere Meinung haben? Glauben, wir wären der bessere Chef, die besseren Eltern, der bessere, beförderungswürdigere Kandidat? Könnte sein. Könnte aber auch sein, dass wir gerade Gefahr laufen, dass unser Selbstbestimmungsbedürfnis uns zur egogetriebenen Dampfwalze macht. Wir sollten nicht vergessen, dass es genauso zur Lebenskompetenz gehört, dass wir uns auch mal unterordnen, integrieren, mal andere gewinnen lassen, einen Kompromiss eingehen oder dem anderen den Vortritt lassen können. Also, auf geht's: Üben wir im Meeting mit Kollegen den Kompromiss, verzichten wir auf Selbstbeweihräucherung beim nächsten Netzwerktreffen, stellen wir einfach auch mal unsere Bedürfnisse hintan und lassen unseren Partner entscheiden, was wir mit dem angebrochenen Sonntag machen. Dann können wir erleben, dass nachgeben nicht heißt, der Verlierer zu sein, und dass ein Verzicht nicht gleich

Verlust bedeutet. Sondern im Gegenteil, uns reich an Handlungsalternativen und Gemeinschaftsgefühl macht.

Experimentierfreude kultivieren: Wir haben es satt, wollen kündigen, uns endlich trennen oder sonst irgendeine 180-Grad-Kehre im Leben machen, weil wir endlich unsere Berufung, unseren Sinn im Leben finden wollen oder ganz einfach nicht mehr können? Dann ist meiner Erfahrung nach Vorsicht geboten, denn nicht selten passiert es, dass wir erst zu spät feststellen, dass wir das Kind mit dem Bade ausschütten. Warum also nicht erst mal ein paar kleinere Experimente wagen, Beweise sammeln, bevor wir allzu blauäugig alles über Bord werfen? Suchen wir Menschen auf, die genau das tun oder dort leben, was wir uns als so viel besser vorstellen, und prüfen wir unsere Vorstellungen mit folgenden vier Fragen: *(1) Wie sind Sie dazu gekommen, das zu tun, was Sie tun? Wie haben Sie es geschafft, dort zu sein, wo Sie sind? (2) Sie tun das jetzt seit xxx Jahren – was gefällt Ihnen immer noch an dem, was Sie tun? (3) Was gefällt Ihnen nicht an Ihrer Tätigkeit? (4) Wer hat Ähnliches gemacht, mit dem ich noch sprechen könnte?*[49] Machen wir doch erst mal unbezahlten Urlaub und schauen uns das Land an, in das wir auswandern wollen, sprechen mit ein paar Selbständigen, bevor wir unseren sicheren Job an den Nagel hängen, testen wir, ob es für unsere Start-up-Idee einen Markt gibt. Nur mit solchen Mini-Experimenten kommen wir unserem Wahrnehmungsfehler auf die Schliche und können rausfinden, welche Mischung aus Eigen- und Fremdbestimmung wir tatsächlich brauchen.

Essenz

«Bleib normal. Das wär' verrückt genug.»

Erhard Blanck

Es lebe das Normalsein!

Bemerkenswert, wer heute wagt, normal zu sein

Der Sound des bemerkenswert Normalen

Vielleicht haben Sie das ja auch schon erlebt. Wir sind mal wieder genervt, weil … ja, warum eigentlich? Das wissen wir auch nicht so genau. Vielleicht, weil die Waage am Morgen mal wieder ein Kilo mehr anzeigt, weil die Kinder miesepetrig in ihren Cornflakes stochern, weil wir Luft für unseren Angebeteten sind, der so hypnotisiert am Blackberry hängt wie ein Junkie an der Nadel, weil der Chef unseren verhassten «Lieblings»-Kollegen statt uns zum neuen Projektleiter ernannt hat oder weil unsere besten Freunde es nun doch geschafft haben, vor uns schwanger zu werden … Egal, was der Auslöser ist, wir fühlen uns von der Welt ungerecht behandelt, verlassen und ausgeschlossen. Wie ein Spieler, der auf die Ersatzbank verbannt wurde. Und während wir da wild und empört gestikulierend an der Außenlinie stehen, widerfährt uns plötzlich, an was wir schon nicht mehr geglaubt und prompt auch fast verpasst hätten.

Da gesellt sich jemand zu uns an den Spielfeldrand und beginnt, uns lachend den Ball zuzuspielen. Völlig ungeniert und aus freien Stücken. Und auf mysteriöse Weise lässt diese Begegnung unseren Frust verfliegen. Unser Neid auf andere, unser Gefühl, nicht gesehen zu werden, zu kurz zu kommen, verflüchtigt sich in diesem Moment wie von Zauberhand. So richtig verstehen wir dieses Phänomen nicht. Wir spüren lediglich, dass sich dieser Moment so wohltuend und erfrischend echt anfühlt wie ein Live-Konzert von Herbert Grönemeyer.

Dann sind wir unter Umständen dem Sound des bemerkenswert normalen Lebens begegnet. Es sind jene Momente, in denen uns jemand ganz unverhofft im Stau freundlich lächelnd vor sich reinwinkt oder sich unser Chef nicht nur Zeit für die Frage «Wie geht's dir?» nimmt, sondern auch für unsere Antwort darauf. Menschen, die uns solche Momente ermöglichen, kreisen ganz offensichtlich in Gedanken nicht dauernd nur um sich und ihr Image, sondern interessieren sich auch für uns. Statt uns mit einem Monolog über ihre Grandiosität zu beglücken, lassen sie uns auch zu Wort kommen. Entspannt hören sie uns zu und erbitten auch mal unsere Meinung oder unseren Rat. Weil sie im Hintergrund nicht permanent eine heimliche Rankingliste über uns führen, hören auch wir auf, ständig alles zu beurteilen. Deshalb können sie sich auch ehrlich über unseren Erfolg freuen, nicht nur mit einem zähneknirschenden «Waidmannsheil». Mit ihnen können wir streiten, weinen und von Herzen lachen – vor allem auch über unsere Misserfolge und Schwächen. Sie nehmen das Leben nicht zu ernst und sich selbst schon gar nicht. Und damit bescheren sie uns etwas völlig Normales, aber heute Rargewordenes: Momente des puren, echten, nichtinszenierten Lebens.

Aber kann das überhaupt sein, fragt unsere infizierte Optimiererseele sofort skeptisch. Wieso ist der so nett? Der will doch sicher was von mir … manipuliert der mich jetzt gerade oder bin ich etwa an einen dieser Weltverbesserer, einen Loser oder gar einen Warmduscher geraten?, rattert unsere Bewertungsmühle.

Aber wir können nicht umhin zu bemerken, dass unser Tag nach einer solchen Begegnung immer etwas heller leuchtet, und ertappen uns dabei, dass wir uns gedanklich bereits nach Wiederholung sehnen. Warum? Weil sich diese Menschen weder über noch unter uns, sondern neben uns stellen – auf Augenhöhe – und uns damit eine Begegnung von Mensch zu Mensch ermöglichen, nicht von Konkurrent zu Konkurrent. Es sind Menschen, die nicht aus jeder Ampelanfahrt oder dem Marmeladekochen eine olympische Disziplin machen müssen. Es sind jene, die das Lebensgefühl verströmen, gewinnen zu können, ohne ständig jemanden besiegen zu müssen. Ein Lebensgefühl, das ich hier als «bemerkenswert normal» bezeichnen möchte.

Unfassbar normal

Was uns wohl als Erstes auffällt, ist, dass uns solche normalen Menschen ehrlicherweise erst mal gar nicht auffallen. Im Zeitalter schäumender Ego-Soufflés liegt es in gewisser Weise in der Natur der Sache, dass bemerkenswert Normale kaum eine Chance haben, unser Blickfeld zu erreichen, weil wir meistens zu sehr mit unserem eigenen Geltungsbewusstsein beschäftigt sind.

Wenn wir ihnen dann doch mal gezwungenermaßen beim Grillfest in Nachbars Schrebergarten begegnen, dann sind wir im ersten Moment erst mal etwas irritiert, weil wir nicht wissen, wie wir sie einordnen sollen. Sind sie jetzt gutmütig-naiv, halsstarrig, faul, genial oder einfach nur spießige Langweiler?

Sie scheinen einem normalen Job nachzugehen. Dass sie dort eine ganz ansehnliche Position innehaben, erfahren wir – wenn überhaupt – aber erst auf Nachfrage. Sie wollen gar nicht so gehyped werden. Sie gehen pünktlich zur Arbeit, aber genauso pünktlich ins

Wochenende. Sie erlauben sich gelegentlich auch, ihr Smartphone auszuschalten, was für uns emsige Selbstoptimierer schon fast an Leistungsverweigerung grenzt.

Einigermaßen irritierend finden wir auch, dass diese Menschen nicht von pausenloser Unruhe erfasst sind, sondern auch gerne einfach mal so auf dem Sofa liegen, ohne etwas anderes zu tun. Was jetzt, ohne Buch, Internet, Fernsehen? Wir bemerken, wie sich uns unweigerlich das Wort «faul» aufdrängt. Irgendwie finden wir tüchtigen Freizeitoptimierer das wenig produktiv und tugendhaft. Das kann doch nicht wirklich ein gutes Vorbild sein. Schließlich ist ja allseits bekannt: Von nichts kommt nichts.

Aufrichtig verwirrt sind wir schließlich, wenn wir hören, dass diese Menschen es fertigbringen, einen vermeintlichen «Lottogewinn» in ihrem Leben einfach auszuschlagen. Oder wie viele Menschen kennen Sie, die ihren Bonus nicht annehmen oder einen George Clooney bzw. eine Angelina Jolie von der Bettkante stoßen? Die eine Zulassung zu einer renommierten Uni oder die Aufnahme in einen Profifußballclub ausschlagen? Die mit dem vom Hof gejagten und in Ungnade gefallenen Ex-Chef weiter Kontakt halten? Die eine prestigeträchtige Führungsposition ablehnen, weil sie eine Stufe tiefer eigentlich ganz zufrieden sind?

In diesen Momenten betrachten wir ungezügelten Selbstoptimierer solche Menschen zuweilen fast schon etwas mitleidig als Saboteure ihrer selbst. Wie kann man diesen super Job eigentlich sausen lassen? Wie blöd muss man sein, so ehrlich seine Schwächen einzugestehen? Den Ford nicht gegen den Ferrari tauschen, auch wenn wir es könnten? Dann muss man sich halt mit einem Platz in der zweiten Reihe dieser Gesellschaft begnügen. Selbst schuld. Jeder einigermaßen vernünftige Mensch greift doch zu, wenn ihm das Leben ein so einmaliges Status-Upgrade vor die Füße wirft!

Von wegen blöd

Es ist wie bei einem Kunstwerk, bei dem wir zweimal hinschauen müssen, damit unsere Augen in der Lage sind, aus den abstrakten Konturen ein konkretes Bild für sich zu erkennen. Das Bemerkenswerte einer normalen Lebensführung erschließt sich uns erst auf den zweiten Blick. Die Sensation wartet sozusagen im Hinterzimmer. Denn erst wenn wir etwas näher reinzoomen in ein bemerkenswert normales Leben, werden wir gewahr, dass es sich dabei ganz und gar nicht um gescheiterte Existenzen handelt, die ein bemitleidenswertes Schattendasein führen, noch dass sie blauäugig oder Langweiler sind.

Wir entdecken vielmehr, dass bemerkenswert normale Menschen nicht weniger erfolgreich, glücklich und zufrieden durchs Leben marschieren als wir Selbstverbesserer. Aber während wir mehrheitlich Selbstzweifel, Erschöpfung und einen Friedhof aufgekündigter Beziehungen im Schlepptau führen, umweht sie ein Lebensgefühl von leichtfüßiger Unbeschwertheit.

Erst auf der Hinterbühne offenbart sich, was ein bemerkenswert normales Leben von einem Selbstoptimierungsdasein unterscheidet: eine beneidenswerte Lebensqualität. Wir eingefleischten Selbstoptimierer sind überzeugt von der Formel «Erfolg gleich Glück». Bewusst oder nicht, gestalten wir unser Leben nach dem Mantra: «Wenn ich erst einmal erfolgreich bin, dann werde ich auch endlich das große Glück ernten!» Wer hingegen unter bemerkenswert normaler Flagge durchs Leben schippert, lebt das Mantra durchaus auch rückwärts: «Glück gleich Erfolg». Nach dem Motto: «Wenn ich das tue, was mir guttut, was zu mir passt, dann ist die Chance am größten, dass ich darin erfolgreich bin!» Selbst als überzeugteste Selbstoptimierer können wir nicht umhin anzuerkennen, dass ein

Lebenskonzept, das auch die Rolle rückwärts kann, gar nicht so blöd ist. Schließlich lehrt uns das auch die heutige Wissenschaft.[50]

Es birgt nämlich ein paar ungeahnte Vorzüge. Der offensichtlichste ist wohl, dass wir – sollten wir den großen Erfolg im Leben verpassen – wenigstens ein glückliches und nicht nur anstrengendes Leben hatten. Darüber hinaus kann uns eine «Glück gleich Erfolg»-orientierte Lebensgestaltung aber auch vor übertriebenen Selbstoptimierungsexzessen schützen, die uns zuweilen die Grenze zwischen erfolgstüchtig und erfolgssüchtig überschreiten lassen. Wenn wir anfangen, besessen jedem Krümel im Auto nachzujagen, oder spontane Essenseinladungen ausschlagen, weil sie nicht in unseren Diätplan passen, fungiert die «Glück gleich Erfolg»-Formel auch als wirksame Grenzkontrolle, die uns davor bewahrt, dass aus Ambition akuter Größenwahn, aus Selbstverwirklichung obsessive Selbstliebe und aus Selbstoptimierung gnadenlose Selbstausbeutung wird. Nicht selten fliegt uns nämlich ansonsten unser perfekt optimiertes Leben plötzlich um die Ohren.

Und so liegt der größte Vorzug einer bemerkenswert normalen Lebensweise in einem Gewinn an Lebensqualität. Denn auch wenn unser Selbstoptimierungmantra «Erfolg gleich Glück» zwar wunderbar vermag, unsere Lebensenergie und Kreativität aufs Äußerste zu mobilisieren – die sozialen Versagensängste, die wir uns beim permanenten Messen mit anderen auf der Überholspur des Lebens zwangsweise miteinkaufen, können zur innerlichen Tyrannei werden und belasten auf Dauer unser Gemüt. Soll ich, soll ich nicht …? Was denken die anderen, wenn ich …?

Ein bemerkenswert normales Leben, das eine Erfolgsorientierung nicht zum alleinigen Lebensprinzip erhebt, streicht also vor allem einen immateriellen Gewinn ein: ein von Verlustängsten weitgehend *un*-beschwertes Lebensgefühl. Auch eine KPM-Porzellantasse ist hier in erster Linie ein Gefäß zum Trinken. Das macht Einiges leichter.

Was heißt hier eigentlich «normal»?

Sie stellen sich nun vermutlich mit Recht die Frage, was meint die denn jetzt eigentlich mit einem bemerkenswert normalen Leben? Mit normalem Leben umschreiben wir gewöhnlich das, was zu unserem heutigen Leben mehrheitlich dazugehört. Das reicht von Social Media, Solarstrom, Reality-TV, Burnout, Bioprodukten bis hin zur Möglichkeit, sich scheiden zu lassen, als Veganer zu leben oder seine Eizellen einfrieren zu lassen. Etwas genereller gesprochen: alle heutigen Konsumgewohnheiten und sozialen Verhaltensweisen, die in unserer modernen «Always on air»-Wettbewerbsgesellschaft zum Status quo geworden sind. Mal ganz unabhängig davon, ob wir es gut finden oder nicht, dass in öffentlichen Gebäuden nicht mehr geraucht werden darf, ein Krimi mit weniger als drei Leichen uns lediglich noch zu einem müden Gähnen veranlasst, jemand ohne Social-Media-Account bei der Polizei als verhaltensauffällig gilt und immer mehr Kinder ADHS diagnostiziert bekommen – es sind trotzdem genau diese Dinge, die in unserem heutigen Leben zur Norm, also normal geworden sind.

Es gibt aber noch ein anderes normal. Nämlich das, was wir heute nicht mehr häufig zu Gesicht bekommen. Das, was zu früheren Zeiten mal die Norm war, uns aber über die Jahre abhandengekommen ist. Dabei geht es mir weniger um Vinylplatten-Nostalgie und die Renaissance des Hippie-Chics als vielmehr um Lebensgestaltungsgewohnheiten und soziale Verhaltensweisen. Jene Lebensgewohnheiten, die mit dem Einzug des Optimierungsprimats in unsere Wohnzimmer zunehmend aus unserem Leben verschwunden sind.

Oder wann haben Sie das letzte Mal nach der Arbeit genüsslich die Beine hochgelegt? Ohne Ansage gemeinsam mit ihren Kindern gekocht und gegessen? Spontan einen alten Schulfreund besucht oder einen Brief geschrieben? Es ist durchaus verständlich, dass diese nicht mehr ganz taufrisch anmutenden Lebensgewohnheiten verloren gegangen sind, denn sie tragen im Zusammenhang mit unserem täglichen Kampf um unsere Wettbewerbsfähigkeit nicht direkt etwas bei. Sie stören uns eher dabei, weshalb sie auf unserer Prioritätenliste immer weiter nach hinten rutschen.

Das ist in einem bemerkenswert normalen Leben anders. Ein bemerkenswert normales Leben kultiviert nicht nur Lebensgewohnheiten, die *direkt* auf unser materielles Erfolgs- bzw. Statuskonto einzahlen, sondern auch jene, die eher auf einen *indirekten* immateriellen Gewinn abzielen. Ein Gewinn, der sich als ein Gefühl von Beständigkeit, Stabilität, Freiheit, Autonomie, innerem Frieden zeigt.

Die psychologische Forschung hat solche Menschen auch schon als «Satisficer» (Kunstwort aus satisfying = befriedigend und suffice = genügen) bezeichnet. Gegenüber uns Lebensoptimierern, die stets das Beste anstreben, entscheiden sie sich für die erste Lösung, die ihrer Meinung nach den angestrebten Zweck «gut genug» erfüllt. Sie kommen deshalb auch ohne stressige Vergleiche aus. Die Entscheidung, ob etwas «gut genug» in Bezug auf ein selbstgesetztes Kriterium ist, kann im Lichte jeweils *einer* vorliegenden Option getroffen werden.[51]

So können wir überrascht miterleben, wie bemerkenswert Normale beim Lottospielen genau dann aussteigen, wenn wir alle einsteigen. Dann nämlich, wenn der Jackpot in höhere Millionenbeträge schießt. Es ist der Respekt vor dem Vorhandenen, der sie davon abhält, wissend, dass das Leben mit einem solchen Geldgewinn nicht mehr so sein würde wie vorher. Vor allem, was ihren Seelenfrieden angeht. Mit dieser fast rebellisch anmutenden gemäßigten Haltung bringen sie sich zwar um die Optimierung ihres Wohlstandskontos, zahlen dafür aber auf ihr Gemütskonto ein. Mit ihrer ungekünstelten authentischen Zurückhaltung bei der Profilierung um Privilegien verleihen sie dem Schlichten und Einfachen eine ganz eigene Würde.

Es macht sie gleichzeitig zu den erfolgreichsten Gewinnern in Bezug auf alle nicht käuflichen Dinge im Leben. Angefangen vom bewusstseinserweiternden Erkenntnisgewinn über ein beflügelndes Flow-Erleben bis hin zu einem vertrauensvollen Wir-Gefühl. Bemerkenswert Normale werden wir also eher nicht dabei beobachten können, wie sie sich alle Extras eines Hotelfrühstücks ordern, um dann keines davon anzurühren und bei Rechnungsstellung die Nase zu rümpfen. Wir erkennen sie eher daran, dass sie die Serviererin bei der Abrechnung freundlich darauf hinweisen, wenn sie zu wenig verrechnet hat.

Um gleich möglichen Missverständnissen vorzubeugen: Wer denkt, dies sei ein Pamphlet gegen unsere moderne Fortschrittsgesellschaft à la «Früher war alles besser», der hat mich falsch verstanden. Ebenso wer meint, es ginge um die Abkehr von einer Leistungsorientierung. Auch wenn manchmal eine ruhige Kugel schieben in einem bemerkenswert normalen Leben Platz hat, ist es kein Plädoyer für faule Säcke. Genauso wenig eines für konservative Traditionalisten, selbst wenn auch bemerkenswert Normale nicht alle Veränderungen unserer Gesellschaft unhinterfragt mitmachen. Und auch wenn ein bemerkenswert normales Leben beinhaltet, sich für andere verantwortlich zu fühlen, ist damit keine Aufforderung zur Selbstlosigkeit gemeint. Ein bemerkenswert normales Leben ist in erster Linie ein Leben, das weniger Extremausprägungen als vielmehr ein flexibles, gemäßigtes Sowohl-als-auch beherbergt.

Wertvolles «Dazwischen»

Mit anderen Worten: Das Dazwischen ist wertvoll. Nicht nur das Erreichen von einem Extrempunkt, im Sinne von «Alles oder nichts». Wenn wir nur deshalb joggen, weil wir das Ziel haben, einen Marathon zu laufen (alles), werden wir es vermutlich auch wieder komplett sein lassen (nichts), wenn wir das Ziel erreicht (oder auch nicht erreicht) haben. Bemerkenswert normal würde im hier verstandenen Sinne bedeuten, dass wir dem Dazwischen auch etwas abgewinnen können. Wir würden dann joggen, einfach weil wir gern joggen. Auch ohne Stoppuhr und Trainingsziel. Und egal, ob wir dafür nur eine halbe Stunde oder zwei Stunden zur Verfügung haben, es jeden Tag oder nur einmal die Woche schaffen. Sicher, wir werden auf diese Weise vielleicht nie einen Marathon absolvieren, aber wir könnten uns am Spaß des Laufens und an dem damit einhergehenden, beständigen körperlichen Wohlergehen erfreuen.

Was für uns Selbstoptimierer nach faulem Kompromiss riecht, ist für bemerkenswert Normale genau das nicht. Es ist nicht als opportunistisches Verhalten zu werten, aus Angst, man könnte die hochgesteckten Ziele nicht erreichen. Es ist auch keine «Weder Fisch noch Vogel»-Strategie, um sich offenzuhalten, ob man den Zeitaufwand durchhalten kann. Nein. Das gemäßigte Dazwischen, das Sowohl-als-auch, die Mitte, das Normale – wie auch immer wir es nennen wollen – ist für bemerkenswert Normale kein Ort des Defizits. Unter einer «Glück gleich Erfolg»-Orientierung mutiert es vielmehr zu einer eigenständigen und wertvollen Lebensoption.

Vielleicht lässt es sich auch so ausdrücken: Bemerkenswert normal ist, wenn wir genussvolle Weintrinker sind, manchmal aber auch gern einem kühlen Bier frönen. Und je nach Situation können wir auch Wein und Bier an einem Abend trinken, ohne am nächsten Morgen mit Kopfschmerzen aufzuwachen. «Bemerkenswert normal» verkörpert eine Art hybride Lebenskunst, die Widersprüche und Gegensätze im Leben okay findet, sie beidhändig bespielt und auch zu überbrücken beziehungsweise zu vereinen weiß. Abstinenz mit Genuss, arbeiten mit Beine hochlegen, gut organisiert mit spontan – beides hat seinen Platz.

Eigentlich etwas ganz Normales. Sollte man meinen. Aber um was ich hier mit vielen Worten ringe, scheint in unserer Selbstoptimierungsgesellschaft zu einer der größten Herausforderungen geworden zu sein, weil es genau dem widerspricht, was wir von Geburt an eingetrichtert bekommen: Nur Leistung und Wettbewerb zählen.

Es ist also tatsächlich «bemerkenswert», wenn Menschen die Mitte, das Dazwischen, noch praktizieren, ohne sich irgendwie minderwertig zu fühlen oder ein schlechtes Gewissen zu haben. Das braucht in erster Linie Mut. Mut, sich unabhängig zu machen vom Denken anderer, Mut zur Begrenztheit, Mut zur Mäßigung und Zurückhaltung. Wer also aus diesem Buch einen Aufruf herauslesen will, dann wohl am ehesten diesen: Es ist völlig okay, normal zu sein!

Wiederbelebung der Mittellinie

Ich fasse zusammen: Bemerkenswert normal ist hier als Chiffre für eine Lebensgestaltung gemeint, die sich nicht ausschließlich an der gesellschaftlich gängigen Wettbewerbs- und Optimierungslogik ausrichtet. Bemerkenswert normal ist ein Leben dann, wenn wir nicht nur nach der Formel «Erfolg gleich Glück», sondern gleichwertig auch nach der Gleichung «Glück gleich Erfolg» leben. Auf Rankinglisten aufzutauchen ist in einem solchen Leben nicht das Alleinseligmachende. Ein «Mittendrin» ist eine genauso lebenswerte Zone.

Eine bemerkenswert normale Lebensführung vereint die Fähigkeit und den Mut, das Mittelfeld wieder mehr zum Hauptfeld unseres Lebens zu machen, statt nur den permanenten Sturm aufs Tor. Denn im Mittelfeld findet das eigentliche Spiel statt: unser Leben. Der Moment eines Torschusses ist demgegenüber eher eine kurzzeitige Ausnahmesituation, die genauso schnell wieder verfliegt wie eine Sternschnuppe. Oder wie lange haben Sie sich über Ihre bestandene Prüfung gefreut? Ihre gelungene Verkaufspräsentation? Eine Gehaltserhöhung? Wer nur auf diesen flüchtigen Moment des Siegens schielt, hat große Chancen, den Hauptteil seines Lebens zu verpassen.

Im Gegensatz zu uns Selbstoptimierern ist bei bemerkenswert Normalen die Mittellinie keine ungeliebte, möglichst rasch zu überwindende Durchgangszone, sondern das Zentrum ihres Lebens. Sie wollen spielen, nicht nur Tore schießen. Mit vollem Einsatz. Ambitioniert und professionell, jeden Spielzug auskostend. Dafür brauchen sie Mitspieler auf dem Feld, nicht Zuschauer am Spielfeldrand. Ihr Motto ist: Wenn es gelingt, im Zusammenspiel mit anderen gekonnt und mit Einsatzfreude den Ball tanzen zu lassen, dann klappt's auch mit Toren. Ihnen ist wurscht, wer das Tor schießt. Denn am Ende gewinnen alle. Rockband-Enthusiasmus statt Rambo-Pathos.

Dass das Dazwischen eine übersehene Kategorie in unserem Leben und unserer Persönlichkeit sein könnte, haben mittlerweile auch die Sozialpsychologen und Verhaltenswissenschaftler entdeckt. So feiern sie derzeit die Erkenntnis, dass Menschen offensichtlich nicht nur introvertiert oder extrovertiert, sondern auch etwas dazwischen sein können – nämlich ambivertiert.[52]

Das bedeutet nicht, dass bemerkenswert Normale sich nicht auch mal in die schwitzige Drängelei vors Tor stürzen. Natürlich handeln auch sie ab und zu nach dem «Alles oder nichts»-Prinzip, setzen alles auf eine Karte und schalten den Turbo ein. Aber deshalb ist ein Dazwischen oder ein Sowohl-als-auch nicht automatisch eine schlechtere «Second best»-Option.

Konturen einer bemerkenswert normalen Lebensführung

Das, was ich als bemerkenswert normales Sowohl-als-auch-Prinzip in den sechs Lebensgeschichten auf sehr individuelle Weise entdecken durfte, habe ich im Folgenden nochmal etwas allgemeiner im Kontrast zum gängigen Selbstoptimierungsparadigma zusammengefasst beschrieben. Wenn Sie so wollen, können Sie es als die Essenz meines Rendez-vous mit dem bemerkenswert normalen Leben verstehen:

▶ **Effizienz- und Spontanitätsorientierung: zwischen durchgetaktet und planlos.** Dank Smartphone & Co. können wir heute unseren Alltag aufs Effizienteste planen. Wir Selbstoptimierer sind regelrecht beflügelt von diesen Möglichkeiten und frönen einem heimlichen Wettbewerb mit uns selbst, wie viel wir wohl durch eine stramme Organisation aus einem Tag alles rausholen können. Da bleibt auch die Freizeit nicht außen vor. Wir suchen uns stetig immer wieder neu zu übertreffen, auf der Jagd nach dem perfekt geplanten Urlaubstag, dem perfekt inszenierten Familienfest, dem perfekt arrangierten Abendessen.

Wollen wir da nicht mitziehen, haben wir in unserer Selbstoptimierungsgesellschaft ein Problem. Die einzige Option, die uns angeboten wird, um uns aus der Schnelllebigkeit dieser Welt zu befreien, ist der Totalausstieg. Wir hören immer mehr von Aus- und

Umsteigern, die uns auf Internetseiten, in Vorträgen und Fernsehdokumentationen von ihrem Befreiungsschlag aus dem Korsett der gesellschaftlichen Optimierungszwänge erzählen. Ins Kloster, auf die kanadische Rinderfarm oder zur Entwicklungshilfe nach Tansania – diese Menschen haben entschieden, sich einfach mal im großen Fluss des Lebens treiben zu lassen. Ohne Ziel und Sklaventreibertakt ihrer Terminkalender. Lauschen wir ihren Berichten, scheinen sie ihr großes Glück gefunden zu haben. Machen wir uns die Mühe, etwas genauer hinzuschauen, entdecken wir allerdings, dass die meisten dieser Ausstiege nicht ganz freiwillig waren. Die einen wurden rausgeschmissen, die anderen mussten aus gesundheitlichen Gründen kürzertreten. Bei den tatsächlich Freiwilligen waren viele dabei, die es sich aufgrund eines großen finanziellen Polsters simpel leisten konnten. Und von jenen, die unter Umständen im Treibholz gelandet sind, hören wir natürlich selten etwas. Nach einer Lebensalternative klingt das nicht.

Während wir uns also zwischen Drangsalieren und Gehenlassen hin- und hergerissen fühlen, haben bemerkenswert Normale eine Antwort für sich gefunden, die zu funktionieren scheint. Sie schaffen sich durch die Wiederbelebung der Spontanität im Alltag eine Verschnaufpause. Sie kriegen das hin mit dem Einkauf, den Kindern und der Arbeit, ohne dass der Alltag im Chaos versinkt. Aber sie kriegen es genauso hin, mal ein paar Sachen ungeplant zu lassen. Bemerkenswert normal ist, wer auch mal ohne Ziel mit dem Auto losfährt und schaut, wo er landet. Aber deshalb erklären sie die Planlosigkeit nicht gleich zum Lebensmotto. Sie wissen lediglich darum, dass zu viel Kontrolle und Planung ihr Leben auf Dauer lähmt und genau das nicht mehr zulässt, was nur in ungeplanten und nichtinszenierten Ereignissen geschehen kann: das echte Leben. Ein bemerkenswert normales Leben lässt Spontanität zu und riskiert das, was uns als Selbstoptimierer einige Überwindung und Disziplin abverlangt (wenn wir es überhaupt noch können): Unvollkommenheit, Leere und Zufall. Auf diese Weise gelingt in einem bemerkenswert normalen Leben, sich in einem gesunden Maß zwischen kontrollierter Effizienz und Planlosigkeit zu bewegen und regelmäßig beide Pole zu bespielen. Dadurch bewahren sich diese Menschen das, was wir als Kinder alle einmal waren: spontan, lebensfreudig und abenteuerlustig.

▶ **Markt- und Selbstwertorientierung: zwischen Botox- und Detoxwahn.** In unserer Ken&Barbie-Welt der Selbstoptimierung sind Schwächen und Misserfolge Erzfeind Nummer eins. Das mindert unsere Chancen auf den für uns wichtigsten zwei Märkten: auf dem Arbeitsmarkt und auf dem Partner- bzw. Heiratsmarkt. Das Ego ein wenig aufzupimpen, um unseren Marktwert zu steigern, gehört heute so selbstverständlich zur Selbstvermarktung wie der Zuckerguss auf den Kuchen. Da wird das Foto retuschiert, das CV frisiert und man bezeichnet sich gern mal als CEO, auch wenn man eigentlich nichts managt außer sich selbst. Diese Form der Selbst-Bilanztäuschung ist als Self-Branding-Strategie heute so verbreitet wie die Achselrasur. Dass wir unsere Leistungen im Wettbewerb oftmals etwas überschätzen und attraktiver, größer, intelligenter und wichtiger erscheinen lassen, ist nicht nur logische, sondern auch legitime Konsequenz. Glaubt man's uns, steigt mit dem Markterfolg automatisch auch unser Selbstwertgefühl. Denn so viele können sich schließlich nicht irren.

Wer sich dieser kollektiven Täuschungsnummer entziehen will hat schlechte Karten. Dem bleibt als Angebot noch, sich ins nicht selten ebenso inszenierte Underdog-Dasein zurückzuziehen. Leben im Wohnwagen in Selbstversorger-Askese als Code für die demonstrative Entsagung eines unwürdigen Zwanges zur Selbstvermarktung. Auch so lässt sich freilich schmerzlichen Selbstzweifeln ausweichen.

Im bemerkenswert normalen Leben kommen beide Verhaltensextreme eher nicht vor. Irgendetwas scheint bemerkenswert Normale von der grenzenlosen Weichzeichnung ihres Egos gemäß dem, was auf dem Markt gerade gefragt ist, abzuhalten. Sie wissen, was sie sind, was sie können und wofür sie stehen. Genauso verschließen sie aber die Augen nicht krampfhaft vor dem, was sie nicht sind, nicht wissen oder nicht können. Sie brauchen kein Toupet. Genauso, wie sie in der Lage sind, ihr Können anzuerkennen, können sie ihren Unvollkommenheiten ehrlich ins Auge blicken. Weil sie ihren Selbstwert nicht an ihren Marktwert koppeln, sind sie weniger anfällig für Eitelkeitsverführungen. Mediale oder reale Beliebtheitsbekundungen vernebeln ihnen nicht ihr Selbstwertgefühl. Sie fühlen sich nicht als bessere Menschen, wenn ihnen fünf Jobs nachgeworfen werden, und nicht als Verlierer, wenn sich keiner mehr nach ihnen umdreht. Bemerkenswert Normale setzen sich eigene Erfolgsmaßstäbe. Deswegen ist das, wofür wir uns Selbstoptimierer oft schämen und was wir zu verstecken suchen, für bemerkenswert Normale weit weniger tragisch: Unvollkommen zu sein. Deshalb müssen sie ihre Schwächen auch nicht ständig aufwendig negieren. Sie bewahren sich somit davor, weder im völligen Selbstbetrug noch in der völligen Selbstverneinung zu landen.

▶ **Erfolgs- und Leistungsorientierung: zwischen «Wie war ich» und «Ihr könnt mich mal».** Leistung führt heute nicht zwingend auch zu Erfolg. Dem Tüchtigen gehört also leider nicht mehr automatisch die Welt. Ein Teil der Leistung beinhaltet heute auch, andere davon zu überzeugen, dass unsere Leistung vermarktbar ist. Die große Vielfalt und atemberaubende Geschwindigkeit von Aufstiegsgeschichten à la Kardashian und Katzenberger, die mehrheitlich auf der Leistung beruht, sich selbst als Produkt zu vermarkten, weckt bei uns Selbstoptimierern natürlich Begehrlichkeiten. Mit galoppierender Hyperaktivität stürzen wir uns ins Projekt 7/24-Ich-Vermarktung. Ein, zwei, drei Start-ups gründen, bei einer Casting-Show mitmachen, einen Blog schreiben oder die Welt mit Youtube-Videos beglücken – irgendwas muss doch klappen! Das, was soziale Resonanz bringt, machen wir. Das andere lassen wir. Die Frage «Wie war ich?» wird zum Orakel unserer Lebensgestaltung. Klappt das irgendwie nicht oder sind wir einfach nur genervt von dieser zunehmenden Beliebigkeit von Erfolg oder Nichterfolg, wird uns in unserer Selbstoptimierungsgesellschaft noch die trotzige Flucht in die gegenüberliegende Schmollecke angeboten. Im Sinne von «Ihr könnt mich mal!» jagen wir nicht minder lautstark Leistungs-, Erfolgs- und Konsumterror zum Teufel. Kokettierend wenden wir uns dann von jeglicher Statusorientierung ab, um erst gar nicht schmerzvoll erleben zu müssen, zum Loser gestempelt zu werden.

Eine bemerkenswert normale Lebensführung hingegen lässt sich weder in die eine noch in die andere Ecke drängen. Sie beinhaltet den Mut, sich auf den eigenen Antrieb zurückzubesinnen. Dadurch wird Erfolg nicht zum Zweck des Lebens erhoben, sondern bleibt Resultat davon. Bemerkenswert normal ist, wer nach dem Ausschau hält, was ihm Sinn und nicht in erster Linie Applaus stiftet. Im Zweifel wissen bemerkenswert Normale, dass sie nach zwei Stunden in der Natur mehr gewonnen haben als nach zwei Stunden Social-Media-Profiloptimierung. Sie sind deshalb nicht weniger ambitioniert. Aber Stellung ist nicht wichtiger als Arbeit. Ihre Ambition ist nicht in erster Linie auf öffentliche Anerkennung ausgerichtet, sondern darauf, ihr Können zu entwickeln und einen Beitrag zu einem größeren Ganzen leisten zu wollen. Dort, wo der große Erfolg ausbleibt und wir Selbstoptimierer gern mal die Flinte ins Korn werfen oder die Bühne wechseln, bleiben sie dran, einfach weil sie überzeugt sind und es sie bereichert. Dadurch, dass sie eine selbstmotivierte Leistungsorientierung aufrechterhalten, gelingt einer bemerkenswert normalen Lebensführung ein gesunder Mix aus Erfolgs- und Leistungsorientierung.

▶ **Eigeninteressen- und Werteorientierung: zwischen Anything-goes und Prinzipienreiterei.** Es gibt einen Wert, den wir alle von Kindsbeinen an lernen und an dem wir alle mehr oder weniger bewusst unser ganzes Leben ausrichten: unsere Eigeninteressen durchsetzen. Abgesehen davon kommen bei den meisten von uns natürlich im Laufe unseres Lebens auch noch andere Werte hinzu. Wie beispielsweise Dankbarkeit, Ehrlichkeit, Freundschaft, Loyalität, Zuverlässigkeit etc. Welche wir da als wichtig erachten – unserer wertepluralistischen Gesellschaft sei Dank – kann jeder für sich entscheiden. Unsere Werte sind damit aber auch unsere Privatsache geworden. Menschen, die sich die Mühe machen, gewisse Werte hochzuhalten und beispielsweise die dementen Eltern selbst pflegen, werden in unserer Gesellschaft nicht mehr wertgeschätzt als jene, die das nicht tun. Der einzige Wert, der tatsächlich uneingeschränkte gesellschaftliche Anerkennung erfährt, ist, wenn wir besonders clever unser eigenes Interesse durchzusetzen wissen. Das wird in jedem Fall belohnt. Mit einem Rabatt, einer nach oben korrigierten Schulnote oder einer Gehaltserhöhung etc. Natürlich finden wir auch andere Werte wichtig, keine Frage. Aber es ist eine logische Konsequenz unserer Selbstoptimierungsgesellschaft, dass wir im Konfliktfall zugunsten unseres individuellen Vorteils entscheiden. Klar, ist uns eine faire Wirtschaft wichtig, aber wieso sollen ausgerechnet wir auf den Billigflug in die Ferien verzichten? Macht ja sonst auch keiner. Und natürlich ist uns Ehrlichkeit wichtig, aber wieso sollen wir jetzt diesen Beleg nicht bei der Steuer einreichen, wenn alle anderen das auch tun?

Alternativ wird uns noch die Rolle des unermüdlichen Weltverbesserers angeboten. Mit missionarischem Eifer machen wir uns mit großem Trommelwirbel und unnachgiebiger Konsequenz daran, auf unsere Werte zu pochen. Bei uns gibt's nur Bio und keine Süßigkeiten. Bitte auch am Kindergeburtstag keine Süßigkeiten für mein Kind! Wir wollen Vorbild für eine bessere Welt sein und möglichst viele andere zu unseren Werten bekehren – wenn nötig auch mal mit juristischem Beistand. Schließlich muss irgendjemand in dieser ethisch verwahrlosten Anything-goes-Gesellschaft noch ein paar Werte pflegen. Dann müssen wir halt auch mal den Nachbarn auf Einhaltung der Ruhezeiten verklagen, auch wenn wir tagsüber gar nicht zu Hause sind – einfach, weil's ums Prinzip geht.

Bemerkenswert Normale kennen weder eine uneingeschränkte Eigennutzmaximierung noch spielen sie sich als Weltretter auf. In gewisser Weise bewegen sie sich auf der Grenzlinie dazwischen. Bemerkenswert Normale haben nicht nur Werte, sondern leben sie auch. Beispielsweise heben sie auch dann im Wald den Müll auf, wenn grad keine Schulklasse vorbeikommt. Sie übertreiben es aber auch nicht. Sie schauen weder weg, wenn vor ihren Augen ein Kollege vom Chef unangemessen runtergeputzt wird, noch weisen sie ihren Chef oberlehrerhaft zurecht. Stattdessen suchen sie vielleicht eher das Gespräch unter vier Augen. Bemerkenswert Normalen geht es nicht darum, zu demonstrieren, dass sie ein besserer Mensch sind. Ihre Werteorientierung ist immer auch von Empathie und Toleranz gegenüber anderen getragen. Und so können sie abschätzen, wann nach eigenen Werten zu handeln eher zum Prinzipienreiter-Egotrip ausartet und es folglich gilt, mal Fünfe gerade sein zu lassen. Dadurch driftet ein bemerkenswert normales Leben weder in Wertelosigkeit noch in Missionseifer ab.

▶ **Wir- und Ich-Identitätsorientierung: zwischen Community-Exhibitionismus und Cocooning.** Es bleibt in einer Selbstoptimierungsgesellschaft nicht aus, dass Beziehungen ebenfalls Mittel zum Zweck der Selbstoptimierung werden. Wenn auch oft unbewusst, so wählen die meisten von uns intuitiv Beziehungspartner danach aus, wie sie uns Vorteile bringen könnten – als klatschende Zuschauer, Wegbereiter, Partner, Vorbilder oder Idole für unseren Erfolg. Somit begegnen wir meistens einem Vorstandsvorsitzenden mit etwas mehr Bedacht als zum Beispiel einem Portier oder einem Obdachlosen auf der Straße. Logisch, dass wir unsere wertvolle Zeit am ehesten auf diejenigen Menschen verwenden, die uns irgendwas «bringen». Und nur zu verständlich, dass wir da auch nicht mehr zwischen Privat und Arbeit trennen können. Wer die heutigen Möglichkeiten zum aktiven Netzwerken nicht nutzt, muss sich nicht wundern, wenn er kein Bein auf den Boden kriegt. Schließlich ist Vitamin B zum Fortkommen heute fast genauso wichtig – wenn nicht noch wichtiger – als Leistung. Es geht nicht nur darum, mit der schieren Anzahl an Kontakten zu beeindrucken. Wenn wir es besonders geschickt anstellen, schmücken wir uns am besten mit Beziehungspartnern, die über einen angesehen Sozialstatus verfügen, in dem wir uns gleich mitsonnen können. Gleichzeitig müssen wir aber auch aufpassen, nicht ins Fahrwasser zweifelhafter Charaktere zu geraten, die gestolpert, gefallen oder gescheitert sind. Von diesen sollten wir uns möglichst rasch distanzieren. Diese Dynamik des schnellen Annektierens und Entledigens von Beziehungen lässt uns viele lose Kontakte pflegen und tiefe, aufwendige, langjährige Freundschaften reduzieren.

Falls wir bei der zunehmenden Instrumentalisierung von Beziehungen nicht mitmachen wollen, bietet sich uns als Alternative nur ein gepflegtes «Nerd-Dasein» oder neudeutsch «Cocooning» an. Wir entziehen uns dem realen, gegebenenfalls sogar dem virtuellen

Gemeinschaftsleben so gut wir können und laufen als Einzelgänger durchs Leben. Wir treten den Beweis an, dass wir die Welt nicht brauchen, um glücklich und erfolgreich zu sein. Kann uns also keiner missbrauchen oder verletzen. Denn unseren Beziehungsansprüchen genügt ohnehin kaum jemand. Die einen sind uns zu oberflächlich, die anderen zu klettig, die dritten zu großkotzig.

Der bemerkenswert normale «Mittelfeldspieler» hingegen will und braucht Mitspieler. Lose soziale Kontakte reichen dazu nicht aus, er braucht Beziehungen. Sie spielen eine zentrale Rolle in einem bemerkenswert normalen Leben. Sie werden mit jenen geknüpft, gelebt und gepflegt, mit denen er ein Gefühl von gegenseitigem Respekt und Zuneigung verbindet. Bemerkenswert normal ist, wer genau diesen Beziehungen dann auch die meiste Zeit einräumt. Es kommt eher selten vor, dass bemerkenswert Normale sich anbiedern oder als Einzelgänger durch die Gegend laufen. Vielmehr ist für sie Gemeinschaft Heimat und ein wichtiger Teil ihrer Identität. Sie pflegen Beziehungen selten ausschließlich nur aus instrumentellem Kalkül heraus. Nicht einmal in der Arbeitswelt, wo es durchaus als legitim angesehen werden könnte. Wird einer ihrer Arbeitskollegen von einem Schicksalsschlag getroffen, wird krank, gerät in Schwierigkeiten, fällt in ein Loch oder vom Thron, so ist das für ihre Loyalität nicht ausschlaggebend. Deshalb kann es vorkommen, dass sie die Beziehungen zu manchen Weggefährten schon mal höher werten als zum Beispiel den eigenen Karriereerfolg. Wo wir Selbstoptimierer nur noch in strategische Kontakte investieren, die schnell wieder aufkündbar sind, haben sie den Mut für ein Commitment zu langfristigen Beziehungen. Eine solche Lebensführung unterliegt weniger der Versuchung, die Netzwerkpflege allein von der Außenwahrnehmung leiten zu lassen, was ihnen eine gesunde Balance zwischen Einzelgängertum und Community-Exhibitionismus ermöglicht.

▶ **Selbst- und Fremdbestimmung: zwischen Aussteigerromantik und Selbstoptimierungsdressur.** Die meisten von uns wollen sich in ihrem Leben selbstverwirklichen. Das ist ein Privileg unserer Gesellschaft, in der es erfreulicherweise für die meisten nicht mehr ums nackte Überleben geht. Unser Selbstwerdungsrecht ist aber gleichzeitig auch eine Pflicht. Ob wir wollen oder nicht, wir müssen selbst die Verantwortung für unsere Lebensgestaltung übernehmen. Das ist sozusagen der Preis für die erkämpfte Freiheit unserer demokratischen Gesellschaftsordnung. Selten waren die Bedingungen günstiger als heute, unser Selbstverwirklichungsrecht voll auszuschöpfen. Unsere Wohlstandsgesellschaft erweist sich als Schlaraffenland leckerer Lebensmöglichkeiten, die von uns gepflückt werden wollen. Natürlich wollen auch wir unser Ding machen. Unterordnen ausgeschlossen. Wir lassen uns in unserer Selbstbestimmung von nichts und niemanden einschränken. Weder von unseren Eltern, unserem Chef, der Gesetzgebung, der Politik oder unseren Nachbarn. Sonst kündigen wir halt, klagen oder wandern aus.

Wer nicht mitmachen will bei dieser kollektiven Ego-Verlustierung, dem bleibt als Angebot nur das Kultivieren der Opferrolle. Mit anderen Opferlämmern zusammen klagen wir dann gepflegt über den diffusen kollektiven Druck eines anonymen Marktes, Umfeldes oder der Gesellschaft als Ganzes, die uns die Selbstverwirklichung versagt. Und wir werden nicht müde, unsere freiwillig-unfreiwillige Unterwerfung als ehrenvollen Akt zu rechtfertigen: «Ja, ich würde ja auch am liebsten kündigen und mich selbständig machen, aber mit Familie geht das eben nicht» oder «Ich hätte schon ganz gern mit meiner Frau ihren Geburtstag gefeiert, aber es war mal wieder Ausnahmezustand im Betrieb».

Klar, auch bei bemerkenswert Normalen steht Selbstverwirklichung an erster Stelle. Aber sie wächst sich bei ihnen nicht zum rücksichtslosen Egotrip aus. Bemerkenswert normal ist, wer anerkennt, dass die eigene Freiheit da aufhört, wo sie die der anderen einzuschränken beginnt. Sie schreien folglich nicht sofort «Aua», wenn sie sich mal an andere anpassen müssen. Gleichzeitig spüren sie, wann zu viel Angepasstheit ihrer Selbstbestimmung schadet. Es gelingt ihnen, Erwartungen von außen mit ihren eigenen Vorstellungen zu vereinen. Sie können sich integrieren, ohne sich aufzugeben und zum Opfer zu machen. Aber auch, ohne dauernd als Individualisten hervorstechen zu müssen. Bemerkenswert normal ist, wer seine Träume lebt, aber auch andere ihre Träume leben lässt. Anders als wir Selbstoptimierer stieren sie nicht den eigenen Weg egoistisch einfach durch. Noch beugen sie sich den äußeren Umständen und geben die Verantwortung für das eigene Leben komplett ab. Bemerkenswert normal ist, wem es gelingt, die Mitte zwischen Selbst- und Fremdbestimmung ausgewogen zu bespielen.

Mehr Normalsein wagen!

Wenn es uns trotzdem noch schwerfällt, das Normale in unserem Leben als attraktiv zu empfinden, dann können wir ja auch einfach mal den ganz persönlichen Test machen, indem wir uns fragen: Mit welchen Menschen gehen wir eigentlich am liebsten eine Pizza essen oder ein Bier trinken, weil wir uns mit ihnen einfach wohlfühlen und sie sympathisch finden? Jene, die – makellos aufgebrezelt – uns unablässig mit ihren Heldentaten beeindrucken wollen, oder jene, die ihren kleinen Bauchansatz nicht verstecken und unumwunden bekennen können, wenn sie mit ihrem Start-up gehörig an die Wand gefahren sind?

In jedem Fall scheinen uns, was die Schönen, Reichen und Berühmten angeht, genau jene, die ohne Allüren, selbstlos, bodenständig und normal geblieben sind, ganz offensichtlich am nächsten und sympathischsten zu sein. Gerade wieder einmal bewiesen hat das der Fußballtrainer Jürgen Klopp, als er mit seinem Ausspruch «I am the normal one» die Sympathien der Fans seines neuen Clubs noch vor seinem Dienstantritt zu erobern vermochte.[53]

Kann es also vielleicht sein, dass wir das Extreme, Optimale und Perfekte in seiner Bedeutung für unser Lebensglück überschätzen? Kann es nicht vielmehr sein, dass es genau die Abweichung davon ist, die uns anzieht und die wir schätzen: das Nichtperfekte, das Normale?

Für alle, denen sich beim Wort «normal» immer noch entrüstet die Haare aufstellen, wird es also möglicherweise Zeit, sich mit der eigenen Mittelmäßigkeit anzufreunden und sie zu entdiskriminieren. Denn möglicherweise entdecken wir ja genau jenseits der Extreme, im Dazwischen, im Beleben des Sowohl-als-auch den tatsächlichen Freiheitsgewinn unserer pluralistischen Gesellschaft. Und wer weiß, vielleicht schlummert im Bemerkenswert-normal-Sein ja tatsächlich eine überlegene Fähigkeit im Zeitalter der Selbstoptimierung und die Normalen sind die wahren Talente, sozusagen die «hidden champions» von morgen?

In jedem Fall aber habe ich größten Respekt vor Menschen, die den Mut aufbringen, es sich erlauben und es auch noch können: normal sein. Es macht ihren besonderen Charme aus, dass sie sich dieser Stärke selbst gar nicht bewusst sind. Sie schenken uns damit unwissend ermutigende Lebensalternativen in der ansonsten von gefühlter Alternativlosigkeit gezeichneten Multioptionsgesellschaft.

Darum

*«Don't ask yourself what the world needs.
Ask yourself what makes you come alive, and go do that,
because what the world needs is people who have come alive.»*

Howard Thurman

Grand amour

Danke, gibt's euch bemerkenswert Normale

Dieses Buch hat mich über lange Zeit beschäftigt und begleitet. Länger, als ich es geplant und erwartet hatte. Das ist – wie mein Mann meint – in erster Linie meinem eingefleischten Optimierungswahn zu verdanken. Ich fürchte, er hat nicht ganz Unrecht. Ich habe mich in die unübersichtliche Gemengelage zwischen Erzählung, Sachbuch, teilnehmender Beobachtung begeben mit einem Stilmix aus biographischen, reflektierenden und beratenden Elementen, habe in diesem Buch ohne Selbstbeschränkung kühn ein Dazwischen, ein Sowohl-als-auch gewagt, weil es damit genau jenen Charakter der Unvollkommenheit und Widersprüchlichkeit unseres Lebens widerspiegelt, der mich zu diesem Buch angeregt hat. Dieser bewusste Anspruch auf Unvollständigkeit und Subjektivität war neu für mich und erforderte überraschenderweise mehr Gewöhnungs- und Reifezeit, als ich gedacht hatte. Denn erst beim Schreiben dieses Buches ist mir so richtig bewusst geworden, wie unverwüstbar auch in meiner Lebensführung die Grundorientierung nach Optimierung eintätowiert ist und wie schwer es mir zuweilen fällt, davon abzulassen.

Umso mehr bin ich mit jedem Schritt auf meiner Spurensuche etwas dankbarer geworden, dass es da draußen auch noch ein paar Menschen gibt, die es wagen, sich angesichts unserer vorherrschenden

Lebensoptimierungsmanie «bemerkenswert normal» zu verhalten. Ich glaube ehrlicherweise, nur durch sie können wir, die wir vom Selbstoptimierungsvirus infiziert sind, das überhaupt ertragen bzw. sind überhaupt ertragbar. Denn nur durch sie ist uns ab und an ein Moment des inneren Friedens vergönnt, frei vom permanenten Wettbewerb und den damit einhergehenden Versagensängsten.

Warum? Bemerkenswert Normale sind der Sache und sich selbst verpflichtet, nicht dem Siegenmüssen. Bei ihnen sind wir sicher, dass sie unsere Interessen genauso achten wie ihre eigenen. Sie haben noch diese Handschlagqualitäten und stehen zu uns – bei Siegen wie bei Niederlagen. Und sie können das, womit wir Selbstoptimierer uns eher schwertun: Sie widerstehen dem Zwang nach permanentem Vergleich – auch mit sich selbst.

Und genau dieses für eine Optimierungsgesellschaft eher ungewöhnliche Verhalten scheint dafür zu sorgen, dass bei diesen Menschen die steigende Komplexität und Vielfalt in unserem Leben nicht zu mehr Stress, Aufwand und Selbstzerstörung, sondern zu mehr Selbsterkenntnis und einer adäquateren Gestaltung des eigenen Lebens führt. Mit dem hier künstlich erschaffenen Begriff «bemerkenswert normal» unternehme ich den Versuch, dieser Geisteshaltung und Lebensgestaltungsweise eine Sprache zu verleihen. Die Psychologie spricht gern von Resilienz, Authentizität oder moralischer Intelligenz. Die Geisteswissenschaft oder Philosophie vielleicht eher von gesundem Menschenverstand, Augenmaß und Dialektik – irgendwie spielen wohl all diese Aspekte hier mit hinein.

Bedeutet das gleichzeitig, dass wir, die wir uns eher zur Selbstoptimiererfraktion zählen, deshalb des Teufels sind? Sicher nicht. Es ist nichts Falsches daran, sein Leben nach Effizienzkriterien zu gestalten. Im Gegenteil. Das ökonomische Prinzip bedeutet im Ursprung seines Verständnisses, Ressourcen zu schonen, und ist somit ein sehr menschliches. Und natürlich verdanken wir unseren heutigen materiellen Wohlstand und Fortschritt, unsere demokratischen Freiheitsrechte nicht zuletzt unserem steten Selbstverbesserungswillen.

Was mich nachdenklich stimmt – mein eigenes Leben eingeschlossen –, ist die Übertreibung und Ausschließlichkeit, mit der wir das ökonomische Nützlichkeitsdenken heute zum Maß aller Dinge unserer individuellen Lebensgestaltung erheben. Und das mehrheitlich unbewusst. Je mehr wir uns dem unausgesprochenen Diktat von Effizienz und Profit unterwerfen, desto mehr sind wir damit beschäftigt, Geld, Macht und Status nachzujagen, und desto mehr besteht unser Leben aus Eigensinn statt Gemeinsinn. Wir wissen, dass dieses permanente Eigenblutdoping einen Egoismus fördert, der uns in eine menschlich-kulturelle Armut schlittern lässt, die erwiesenermaßen zynisch und krank macht. Trotz alledem: «What's in for me» scheint der letzte allgemein akzeptierte Konsens zu sein, den niemand so richtig in Frage stellen will. Und so gehört es wohl zu einer der größten Verdrängungsleistungen unserer heutigen Gesellschaft, diese Lebensgestaltungsmaxime dennoch weiterhin – individuell wie kollektiv – als alternativlos zu bezeichnen und weiter auf den Mut von anderen zu warten.

Was mich noch mehr bewegt, ist, dass wir damit Gefahr laufen, auch ein Stück unserer menschlichen Würde aufzugeben. Wenn wir alles im Leben – uns und andere eingeschlossen – nur noch als zu optimierendes Mittel zum Zweck auffassen, führt das zwangsläufig dazu, dass wir all das, was nicht mehr ökonomisch zu rechtfertigen ist – was uns also keinen individuellen Vorteil im gesellschaftlichen Wettbewerb bringt und in diesem Sinne «unnütz» ist[54] –, zunehmend aus unserem Leben verbannen: sinnieren, ausruhen, entspannen, spielen, reisen, aber auch menschliche Werte wie Solidarität und Mitgefühl zeigen, anderen Menschen helfen, andere Menschen lieben, in Gemeinschaft, Freundschaft, Vertrauen, Respekt, Höflichkeit etc. investieren. In dem Maße, wie wir zulassen, dass Eigennutzmaximierung zur heiligen Kuh in unserem Leben avanciert, verhökern wir also ganz unmerklich all jene menschlichen Werte, die sich mit unserem Nützlichkeitsstreben nicht vereinbaren lassen. Bittererweise setzen wir damit genau jenen Kern unseres Lebens aufs Spiel, der uns Menschen eigentlich erst menschlich macht. Können wir dieser Entwicklung tatsächlich nichts entgegensetzen, außer schulterzuckend zuzuschauen und zu riskieren, dass unser Leben seine menschlichen Konturen sukzessive verliert?

Die Geschichten in diesem Buch haben mich ermutigt, unsere gefühlte Alternativlosigkeit zu überdenken. Sie handeln von Menschen, die sich herausgenommen haben, die Gesetze des Marktes herauszufordern. Sie haben gewagt, in ihrem Leben das zu tun, was die meisten von uns nicht mehr zu tun wagen: menschlichen Werten jenseits des «What's in for me» in ihrem Leben einen Platz einzuräumen. Sie waren unwillig, ihr Leben, ihre Ideale und ihr Verhalten allzu freizügig und sorglos durch das – vielfach medial und algorithmengesteuerte – namenlose Außen des Marktes bestimmen zu lassen.

Wie aber müssen sie sich dabei gefühlt haben? Wohl ähnlich wie ein Ehepaar, das zwischen hunderten von Joggern im Central Park in New York *nur* spazieren geht und von der Polizei mit den Worten angehalten wird: «Ist alles in Ordnung?» Diese Szene zeigt eine Zeichnung des legendären Karikaturisten Jean-Jacques Sempé,[55] die wohl nicht besser ausdrücken könnte, wie suspekt uns heute eine Lebensführung erscheint, die nicht zwingend allein nach Optimierungskriterien ausgerichtet wird.

Was hier amüsant anmutet, verhält sich in Wirklichkeit leider zum Teil etwas tragischer. Statt dass wir diese Menschen für ihren Mut feiern, sanktionieren wir sie dafür, dass sie ihr Leben nicht wie ein «Homo oeconomicus» gestalten. Da werden junge Menschen mit Topausbildungen im Bewerbungsprozess aussortiert, weil sie mal vier Monate nichts anderes als Reisen in ihrem Leben gemacht haben. Oder wir müssen erleben, dass ein CEO einen Topkandidaten für einen Managementposten mit den Worten «Der ist irgendwie zu normal» ablehnt. Es ist schon sonderbar, dass wir eher geneigt sind, ein empathisches, solidarisches Verhalten suspekt zu finden als ein asoziales, egoistisches Ellbogengehabe oder ein realitätsfernes, pubertäres Dickauftragen mit dem 6B-Bleistift. Dabei: Wäre das nicht vielleicht eher als pathologisch zu werten?

Wenn Menschen sich dafür entschuldigen müssen, dass sie menschlichen Werten wie Empathie, Solidarität, Respekt, Vertrauen noch Zeit und Raum im Leben einräumen, oder gar Karriere- und Lebensnachteile dafür ernten, tragen wir vermutlich zur Ausrottung genau jener lebenswichtigen menschlichen Grundwerte bei, die wir so vehement auf der politischen Weltbühne zu verteidigen suchen. Zumindest aber werden Nächstenliebe und Solidarität schweren Zeiten entgegengehen.

Man muss das selbstverständlich nicht so ausgeprägt sehen. Aber ich finde, dass man es durchaus könnte. Und vielleicht wäre es sogar heilsam, wir würden es ein bisschen mehr so sehen. Dann würden wir vielleicht etwas weniger ohnmächtig der Verschmelzung unserer Identität mit dem Optimierungsprimat zuschauen und uns schweigend zu Komplizen dieser bedenklichen Symbiose machen lassen. Vielleicht würden wir dann mehr Menschen erleben, die im hier verstandenen Sinne von «bemerkenswert normal» den Mut haben, ein Leben zu leben, das sich nicht allein einer materiellen, sondern gleichzeitig auch einer immateriellen Wertschöpfung verschreibt. Menschen, die – egal ob bewusst oder intuitiv – wissen, dass menschliche Werte wie Mitgefühl, Solidarität, Respekt, Vertrauen genauso wichtig sind für ein erfülltes Leben – und übrigens auch eine funktionierende Demokratie und Marktwirtschaft – wie materielle. Und die wissen, dass diese immateriellen Werte nicht einfach vom Himmel fallen, sondern geschaffen und kultiviert werden müssen – und umgekehrt auch zerstört werden können. Menschen, die diese Werte in unserem täglichen Dasein und Miteinander lebendig werden lassen, ihnen die gebotene Aufmerksamkeit und Zeit einräumen – nicht nur in einer Parallelwelt der Charity-Engagements –, diesen Menschen können wir nicht genug Anerkennung und Respekt zollen.

Ich glaube nicht, dass wir dafür andere Menschen brauchen. Ich glaube vielmehr, dass wir alle diese «bemerkenswert normale» Seite in uns tragen. Wir scheinen sie lediglich ins künstliche Koma versetzt zu haben, aus dem wir sie tunlichst reanimieren sollten. Wir werden sie aber vermutlich nur wiederbeleben können, wenn wir beginnen, sie mehr wertzuschätzen. Wenn wir honorieren, wo Menschen im Alltag nicht ausschließlich auf ihr Eigeninteresse bedacht sind, stattdessen auch mal abgeben, teilen, ihr Vorteilsstreben für den Gewinn aller hintanstellen können. In dieser Hinsicht fand ich einen Artikel des deutschen Fußballmagazins «11 Freunde» ermutigend, der unter dem Titel «Heimliche Superstars» auch mal über einen Vorbereiter der Tore berichtete.[56] Es wurde dargelegt, dass der saisonale Torschützenkönig der Bundesliga wohl kaum ein solcher geworden wäre ohne das Zutun und Vorbereiten eines anderen.

Es wird Zeit, dass wir unser längst überholtes Siegerideal hinterfragen, mit dem wir eine große Anzahl von Menschen dauernd zu – mindestens gefühlten – Verlierern machen. Wir sollten eine Kultur in Gang setzen, in der sowohl der Gebende als auch der Empfangende gemeinsam Gewinner werden, in der «What's in for all of us» zum handlungsleitenden Mantra wird. Was würde wohl passieren, wenn wir in Unternehmen begännen, nicht nur jene zu belohnen, die ihre eigene Leistung optimiert haben, sondern tatsächlich jene, die die Leistung der anderen ermöglicht haben?

Vielleicht ist eine solche neue Anerkennungskultur, die Kooperation und Kompromiss statt einseitigen Wettbewerbssieg schätzt, eine Illusion. Vielleicht in einer Netzwerkgesellschaft aber auch bald Notwendigkeit. Dass sie einmal Wirklichkeit wird, würde ich mir menschlich gesehen auf jeden Fall wünschen. Bis dahin kann ich Menschen, die die Bereitschaft und Fähigkeit aufbringen, für ein größeres gemeinsames Ganzes ihren eigenen Vorteil zurückzustellen, ihn nicht auf dem Rücken der anderen, ohne Rücksicht auf Natur, die eigene oder die Gesundheit anderer erkämpfen, nicht genug Wertschätzung aussprechen. Denn sie leben nicht nur in ihrem täglichen Leben, was anthropologisch gesehen unsere menschlich-kulturelle Stärke ausmacht, sondern tragen mit ihrem immateriellen Schöpferwillen – ohne dass wir das bisher angemessen gewürdigt hätten – entscheidend zum Erhalt unserer funktionierenden demokratischen Zivil- und Marktgesellschaft bei.

Dieses Buch ist dieser Wertschätzung gewidmet. Danke, gibt's euch bemerkenswert Normale! Ihr erinnert uns bei all der chancenreichen ökonomischen und technischen Entwicklung daran, dass diese uns Menschen dienen sollte und nicht umgekehrt. Ihr zeigt uns, wie man ein Leben zur vollen menschlichen Blüte bringen kann, und macht uns damit Mut, das zu leben, was uns Menschen menschlich macht.

Es wäre also eigentlich nur folgerichtig, wenn ihr als Autoren auf diesem Buchcover stehen würdet. Aber ein Buch ohne namentlich genannte Autoren gibt es nicht. Also steht mein Name drauf. Als Repräsentant für all die unzähligen Begegnungen mit Menschen, deren – mündlich oder schriftlich – dargelegte Erfahrungen, Wissen und Weisheit in dieses Buch geflossen und darin zusammen verschmolzen sind. All diesen inspirierenden «Mitautoren» fühle ich mich zu tiefstem Dank verpflichtet. Insbesondere jenen Menschen, die mir so großzügig und offenherzig ihre Lebensgeschichten anvertraut und erlaubt haben, diese hier – unter Wahrung des Schutzes ihrer Persönlichkeit und Privatsphäre – zu erzählen. Ohne es vielleicht zu wollen, haben eure Geschichten meinen Verständnishorizont über das Leben und damit auch mein eigenes Leben auf unbezahlbare Weise bereichert und erweitert.

Dass das Schreiben an diesem Buch doch noch irgendwann ein Ende gefunden und das Werk nun tatsächlich das Licht der Welt erblickt hat, daran haben eine Menge liebenswerter Menschen in meinem direkten Umfeld großen Anteil. In erster Linie bin ich meinen Verlegern, Anne, Jean-Paul und Judith, von Herzen dankbar, dass sie überhaupt den Mut aufgebracht haben, einem Buch mit etwas waghalsigen Antithesen, das zudem genretechnisch durch alle Stühle und Bänke fällt, bei sich ein Zuhause zu geben. Danke für euer Vertrauen und eure Risikobereitschaft. Ebenfalls möchte ich meiner Schreibmentorin Sybil danken, für ihren geschätzten kritischen Blick über meine Texte. Ohne dich gäbe es dieses Buch wohl so nicht. Danke für deine unschätzbaren Inspirationen und immerwährende Ermutigung! Am Ende ist ein Buch immer auch Materie. Ich danke Lisi, die das Thema grafisch so gekonnt in ein Cover übersetzt und meine Drehungen und Wendungen in diesem Prozess so agil wie stoisch ertragen hat, sowie dem Haus Kösel für die Umsetzung des Buches in stimmige Materie beim Druck.

Darüber hinaus gäbe es noch eine große Anzahl von Menschen zu nennen, mit denen ich das Thema dieses Buches diskutieren und entwickeln durfte, die mich in vielen spannenden Gesprächen immer wieder inspiriert, kritisch hinterfragt und mit Hinweisen auf entsprechende Literatur oder Geschichten versorgt haben. Ich bin euch allen unendlich dankbar für eure kollegiale, fachliche, energetische, emotionale, tatkräftige, freundschaftliche oder sonstwie geartete Unterstützung, ohne die dieses Buch nicht entstanden wäre.

Für Menschen, die in ihrer Freizeit schreiben, ist wohl vor allem eines unverzichtbar: ein verständnisvoller Partner und eine verständnisvolle Familie. Danke, dass ich über so lange Zeit auf eure bedingungslose Geduld bauen durfte.

Eva Bilhuber

Anmerkungen

1 Bude, Heinz (2014): Gesellschaft der Angst. Verlag des Hamburger Instituts für Sozialforschung, Hamburg. Eine psychosoziale Analyse des vorherrschenden Lebensgefühls in unserer Gesellschaft, die kaum lebensnaher hätte beschrieben werden können. Geistreiche Sprache treffsicher auf den Punkt gebracht. Ein Buch, das im positiven Sinn bewegt und aufrüttelt.

2 Siehe Anmerkung 1.

3 Kurianowicz, Tomasz (2013): Die Bilder und die Leere. Warum Facebook unglücklich macht. In: Neue Zürcher Zeitung, 08.10.2013: http://www.nzz.ch/feuilleton/die-bilder-und-die-leere-1.18169218. Ein Artikel, der sich auf mehrere Studien zu diesem Thema beruft. Welche selbstzerstörerische Bedrohung der soziale Vergleich in den sozialen Medien für das nicht ganz unproblematische Selbstwertgefühl von Teenagern mit sich bringt, diskutiert auch ein Artikel der «Frankfurter Allgemeinen Zeitung», der mich besonders besorgt stimmt: Wulfert, Anna (2015): Social Magerwahn. Internetphänomen. In: Frankfurter Allgemeine Zeitung, 16.10.2015: http://www.faz.net/aktuell/gesellschaft/gesundheit/wie-soziale-medien-magerwahn-unterstuetzen-koennen-13858121.html

4 Der anhaltende Anstieg, der seit geraumer Zeit dokumentiert wird, scheint bis heute ungebrochen: Zegelmann, Anne (2015): Mehr Fehltage wegen psychischer Leiden. In: Ärzte Zeitung online, 07.07.2015: http://www.aerztezeitung.de/politik_gesellschaft/krankenkassen/article/890257/bkk-gesundheitsatlas-2015-immer-fehltage-wegen-psychischer-leiden.html.
Dennoch sollte bei der Interpretation berücksichtigt werden, dass dieser Trend zumindest teilweise auch auf eine Inflation psychiatrischer Diagnosen zurückzuführen ist. Darauf hat vor allem Allen Frances hingewiesen, ein renommierter amerikanischer Psychologe, der die Gründe in einer unheilvollen kommerziellen Allianz zwischen Pharmaindustrie und Medizinern sieht. Ich hatte Gelegenheit, seinen Thesen, die er auch in seinem Buch dargelegt hat, im Jahr 2013 bei einem Vortrag im Gottlieb-Duttweiler-Institut zu lauschen: Frances, Allen (2013): Normal. Gegen die Inflation psychiatrischer Diagnosen. Köln, Dumont.

5 Grossrath, Jan (2012): Mehr Fehltage wegen psychischer Erkrankungen. In: Frankfurter Allgemeine Zeitung, 13.06.2015: http://www.faz.net/aktuell/beruf-chance/verdopplung-seit-2000-mehr-fehltage-wegen-psychischer-erkrankungen-11783272.html

6 Schwartz, B. et al. (2002): Maximizing versus Satisficing: Happiness is a matter of choice. In: Journal of Personality and Social Psychology, Vol. 83, No. 5, p. 1179–1197. Diese Studie zeigt auf, dass stets das Beste zu wollen offenbar einen Preis hat: unser Wohlbefinden. Paradoxerweise also genau das, was wir damit zu verbessern suchen. Die vier in dem Artikel zusammengefassten Studien untersuchen, wann dem so ist, und erklären, warum. Eine kurze Besprechung dieser Studie in Deutsch findet sich übrigens auf meiner Homepage: http://www.humanfacts.ch/files/2014_07_newsletter19_final.pdf

7 Ballwieser, Dennis (2012): Diagnose Depression. Jüngere Menschen sind verwundbarer geworden. In: Der Spiegel Online, 14.06.2012: http://www.spiegel.de/gesundheit/diagnose/gesundheitsreport-degs-jugendliche-leiden-haeufiger-unter-depressionen-a-838843.html. In besonderer Weise hat mich zu diesem Thema auch ein Reportageartikel betroffen gemacht, der sich mit der etwa vier- bis fünfmal so hohen Selbstmordrate unter Highschool-Schülern im Silicon Valley beschäftigt: Rosin, Hanna (2015): The Silicon Valley Suicides. In: The Atlantic, December Issue: http://www.theatlantic.com/magazine/archive/2015/12/the-silicon-valley-suicides/413140/

8 Der Spiegel (2014): Konsumverzicht. Weniger haben, glücklicher leben. Heft 14/31.03.2014

9 Siehe Anmerkung 8.

10 Lena Dunham, Drehbuchautorin, Produzentin und Hauptdarstellerin der Fernsehserie «Girls», wird als Repräsentantin eines wachsenden Trends zur Imperfektion gefeiert. Wer von ihr noch nichts gehört hat, der kann sich mit Hilfe folgender Artikel ein Bild davon machen, ob er dadurch etwas verpasst hat: Voigt, Claudia (2014): Abkehr von der Perfektion. In: Der Spiegel 10/2014, S. 108–110. Oder im Interview mit Oehmke, Philipp (2014): «Das soll jetzt Sex sein?»: Spiegelgespräch mit Lena Dunham. In: Der Spiegel 40/2014, S. 38–39. Oder die Besprechung ihres neuen Buches: Adorján, Johanna (2014): Sie, sie, sie, sie, sie, sie, sie. In: Frankfurter Allgemeine Sonntagszeitung, Nr. 40, 5. Oktober 2014, S. 35.

11 Torres, N. (2014): Most people don't want to be managers. In: Harvard Business Review Blog Network, 18.09.2014: https://hbr.org/2014/09/most-people-dont-want-to-be-managers

12 Die Folgen der Bildungsexpansion, die in diesem Artikel der «Frankfurter Allgemeinen Zeitung» geschildert werden, stimmen nachdenklich: Grossrath, Jan (2014): Müssen bald alle Menschen studieren? In: Frankfurter Allgemeine Zeitung, Nr. 45, 22./23. Februar 2014, S. C6.

13 Berghaus, B. & Reinecke, S. (2011): Massenexklusivität als Herausforderung wachsender Luxusmarken: Der Luxusmarkt boomt. In: marke41, Nr. 4/2011, MIM, Marken Institut München, S. 10–15.

14 Luft, Markus (2014): Willkommen im Crazy Alltag! In: Gala, Fashion, Heft 11 September 2014, S. 94.

15 Löhr, J. & Lindner, R. (2014): Hollister ist nicht mehr cool. Sinkende Absatzzahlen. In: Frankfurter Allgemeine Zeitung, Wirtschaft, 11.11.2014: http://www.faz.net/aktuell/wirtschaft/unternehmen/sinkende-absatzzahlen-hollister-ist-nicht-mehr-cool-13258867.html

16 Siehe Anmerkung 14.

17 Auch aktuell berichtet die «Gala» wieder darüber, wie die Jeans und damit der sogenannte Street-Style die Couture erobert hat, 13.09.2015: http://www.gala.de/beauty-fashion/fashion/catwalk-trend-das-comeback-der-jeans_1307201_225790.html

18 Kaiser, Alfons (2010): H&M & Co. High-Low-Kooperation. In: Frankfurter Allgemeine Zeitung, 23.11.2010: http://www.faz.net/aktuell/stil/mode-design/mode/high-low-kooperation-h-m-co-1579327.html

19 Friedrichs, J. (2014): Die Welt ist mir zu viel. In: Zeit Magazin, Nr. 1, 30. Dezember 2014: http://www.zeit.de/zeit-magazin/2015/01/entschleunigung-biedermeier-handarbeit-stressabbau

20 Gerny, D. (2014): Luxusleben unerwünscht. In: Neue Zürcher Zeitung, Wirtschaft, 02.09.2014: http://www.nzz.ch/wirtschaft/luxusleben-unerwuenscht-1.18375016

21 Gelesen am 12. September 2012 auf n-tv unter: http://www.n-tv.de/leute/Liebste-magische-Faehigkeit-Prinz-William-waere-gern-mal-unsichtbar-article7201131.html

22 Manager Magazin Online (2014): Alibaba-Chef Jack Ma klagt über den Fluch des Reichtums, 13.11.2014: http://www.manager-magazin.de/unternehmen/it/jack-ma-klagt-ueber-den-fluch-des-reichtums-a-1002786.html

23 Bosshart, D. & Kühne, M. (2014): Der nächste Luxus. Was uns in Zukunft lieb und teuer wird. Trendstudie Nr. 41 des Gottlieb-Duttweiler-Instituts (GDI). Eine interessante Studie, die die These aufstellt, dass auch unser Luxusleben einer Entwicklungslogik folgt: von der infantilen über die Adoleszenz- zur Maturitätsphase.

24 Siehe Anmerkung 23.

25 Philipp Dittberner & Marv – Wolke 4: https://www.youtube.com/watch?v=C9HL-2IhZKg

26 Manager Magazin (2014): Ernüchterte Elite. Heft 3/2014, S. 94–109.

27 Siehe Anmerkung 11.

28 Diem, Viola (2014): Work-Life-Balance: Raus aus der Zwangsjacke. In: Die Zeit Online, 24.08.2014: http://www.zeit.de/2014/33/freiwillig-arbeitszeit-reduzieren-downshifting

29 «Die dunkle Seite von Red Bull», ausgestrahlt im Schweizer Fernsehen am 19. März 2014: http://www.srf.ch/sendungen/dok/die-dunkle-seite-von-red-bull. Ein Dokumentarfilm über die Inflation der Extreme in der Sportwelt. Unter anderem wird vom besten Freund eines tödlich verunglückten Extremsportlers berichtet, der einen Besonnenheits-Award beim Skifahren ins Leben gerufen hat, mit dem er sich bei Kindern bereits für die Unterscheidung zwischen Sportler versus Adrenalin-Junkie einsetzt.

30 Schwartz, T. & Loehr, J. (2003). Die Disziplin des Erfolgs. Von Spitzensportlern lernen – Energie richtig managen. München, Econ. Meines Erachtens eines der wegweisenden Grundlagenwerke, wenn es um modernes Selbstmanagement bzw. Energiemanagement geht, insbesondere für den Managementalltag. Ihm kommt das Verdienst zu, darauf aufmerksam gemacht zu haben, dass wir alle Seiten unseres Menschseins gleichermaßen einbeziehen müssen, wenn es uns um Höchstleistungen geht: die körperliche, mentale, emotionale und spirituelle. Eine englische Kurzfassung wurde in der Harvard Business Review publiziert: Schwartz, T. & Loehr, J. (2001): The making of the corporate athlete. In: Harvard Business Review, January Issue: https://hbr.org/2001/01/the-making-of-a-corporate-athlete

31 Reith, Victoria (2013): Berlin-Marathon. «Die meisten Leute kotzen bei 3:30 h». In: Zeit Online, 28.09.2013: http://www.zeit.de/sport/2013-09/interview-christian-pohl-berlin-marathon

32 Als offizieller Partner von Swiss-Ski lancierte Samsung Electronics 2012 die Kampagne für ein neues Smartphone-Modell und drehte einen TV-Spot mit drei ambitionierten Schweizer Skisportlern in den Schweizer Alpen, der begleitend zur Weltcup-Saison 2013/2014 im Schweizer Fernsehen ausgestrahlt wurde:
https://www.youtube.com/watch?v=jiIv5_dOBws
Übrigens: Zu diesen wie auch allen anderen Marken- oder Produktnennungen wurde ich von keinem der Hersteller veranlasst oder bin gar dafür bezahlt worden. Sie sind mir in meinem Alltag ins Auge gesprungen, weshalb sie Eingang in dieses Buch gefunden haben.

33 Schöffel TV-Spot «Ich bin raus.»: https://www.youtube.com/watch?v=biOw1WonNRA

34 Mercedes-Benz GLA TV-Spot «Das letzte Mal»: https://www.youtube.com/watch?v=hqe9GUlZWU4

35 Dacia TV-Spot April 2015: https://www.youtube.com/watch?v=wkQpVHySPx8

36 Die Werbung von Valser Wasser im Jahr 1990: https://www.youtube.com/watch?v=hBxguRdcHQM&index=12&list=PL6057403FB90E0CE6

37 Ritter, J. (2015): Der Turmbau zu Vals. In: Frankfurter Allgemeine Zeitung, Wirtschaft, 30.06.2015: http://www.faz.net/aktuell/wirtschaft/immobilien/hoechstes-hotel-der-welt-soll-ins-schweizer-dorf-vals-13671951.html. Ein Artikel, der beweist, dass das Projekt sogar über die Landesgrenzen hinaus Diskussionsstoff liefert.

38 Siehe Anmerkung 1.

39 Wen mehr dazu interessiert, kann nach Achtsamkeitsmeditation oder nach Mindfulness-Based Stress Reduction, abgekürzt auch MBSR, im Internet recherchieren. Die Gründung dieser Meditationsmethode geht auf Jon Kabat-Zin zurück. Eine der ersten deutschen Vertreterinnen war Susanne Kersig, Hamburger Psychotherapeutin, die ebenfalls Forschungsvorhaben in diesem Bereich vorangetrieben hat. Mittlerweile werden Kurse sogar von manchen Krankenkassen bezahlt, weil sie nachweislich bei der Stressbewältigung unterstützen. Schäfer, Susanne (2011): Achtsam ist heilsam. In: Zeit Online, 6.12.2011: http://www.zeit.de/zeit-wissen/2012/01/Meditation-auf-Rezept/komplettansicht

40 Der humorvolle TED-Talk des französischen Philosophen Yann Dall'Aglio erfreute sich mit knapp 3 Millionen Aufrufen bereits großer Beliebtheit und ist unter dem etwas unglücklich übersetzten Titel «Sie machen in der Liebe etwas falsch» (Original: Comment sauver l'amour) zu finden: https://www.ted.com/talks/yann_dall_aglio_love_you_re_doing_it_wrong?language=de

41 Diese charmante Idee stammt übrigens von Felicitas Freiin von Everfeldt aus dem Buch von Rauen, Christopher (2004): Coaching-Tools. 5. Auflage, Bonn, managerSeminare Verlag, S. 292–296.

42 Frisch, Max (1998): Fragebogen. Frankfurt am Main, Suhrkamp Taschenbuch. Weitere hilfreiche und geistreiche biographische Fragen finden sich zum Beispiel auch im Buch von Kindl-Beifuss, Carmen (2008): Fragen können wie Küsse schmecken. Heidelberg, Carl-Auer-Verlag. Ebenso hilfreich auf der Suche nach dem, was uns ausmacht, sind die Sinn-ier-Karten für Berufs- und Privatleben von Wolfram Jokisch und Janus: http://shop.sinnieren.de/genius.html

43 Tiedge, Anja (2014): Das Leben ist kurz. Kündigen Sie. In: Spiegel Online, 10.09.2014: http://www.spiegel.de/karriere/ausland/escape-the-city-londoner-berater-vermitteln-konzernaussteigern-jobs-a-990673.html. Die Website «Escape»: http://www.escapethecity.org/

44 Auch wenn wir gerne glauben wollen, dass sich die Generation Y weniger über materielle Werte definiert und sich eher über bedeutungsvolle Arbeit, soziales Engagement und Nachhaltigkeit selbstverwirklichen will – die Gründe dafür scheinen nicht weniger ego-getrieben zu sein als bei den Vorgängergenerationen. Im Gegenteil. Wir werden ganz offensichtlich von Generation zu Generation narzisstischer. Das fand zumindest eine Studie heraus, die die Ergebnisse des «Narcissistic Personality Inventory» (NPI) aus den Jahren 1982 bis 2006 auswertete. Der NPI ist ein weit verbreitetes Instrument, mit dem narzisstische Neigungen getestet werden können: Twenge, Jean M. (2008): Egos Inflating Over Time: A Cross-Temporal Meta-Analysis of the Narcissistic Personality. In: Journal of Personality, 76:4, p. 875–901.

45 Klemm, Thomas (2015): Umgang mit dem Scheitern: Es lebe der Misserfolg. In: Frankfurter Allgemeine Zeitung, 20.10.2015: http://www.faz.net/aktuell/beruf-chance/arbeitswelt/umgang-mit-dem-scheitern-es-lebe-der-misserfolg-13862562.html

46 Mese, Ali (2014): How quitting my corporate job for my startup dream f*cked my life up. Privater Blogartikel vom 10. September 2014 unter: https://medium.com/swlh/how-quitting-my-corporate-job-for-my-startup-dream-f-cked-my-life-up-3b6b3e29b318

47 Will man einem Bericht der «Handelszeitung» aus der Schweiz Glauben schenken, scheitern mittlerweile acht von zehn Start-ups. Zitiert wird eine Website, die die Konkurse von Jungunternehmern dokumentiert: Iseli, Marc (2015): Website dokumentiert Konkurse von Start-ups. In: Handelszeitung, 11.06.2015: http://www.handelszeitung.ch/unternehmen/webseite-dokumentiert-konkurse-von-start-ups-796440

48 Siehe Anmerkung 5.

49 Diese Idee stammt aus dem Buch «Lebensunternehmer/in», das ich eine hilfreiche Schatzkiste für Neuorientierungswillige finde: Baumgartner, Peter (2007): Lebensunternehmer/in. Workshop für berufliche Weichenstellungen: Wie werde ich zur Lebensunternehmerin, zum Lebensunternehmer? Bielefeld, Bertelsmann Verlag.

50 Die positive Psychologie – oft auch als Glücksforschung bezeichnet – ist eine eher neuere Richtung in der psychologischen Forschung, die sich darauf konzentriert, zu erforschen, was den Menschen stärkt und sein Leben lebenswerter macht – im Gegensatz zu traditionellen defizitären Ansätzen. In dieser Forschung konnte aufgezeigt werden, dass jene, die unsere Glücksformel umdrehen können, glücklicher im Leben sind. Der Psychologe Shawn Anchor hat diese Erkenntnisse in einem viel beachteten TED Talk auf sehr heitere und inspirierende Weise gut verständlich dargelegt: https://www.ted.com/talks/shawn_achor_the_happy_secret_to_better_work

51 Siehe Anmerkung 6.

52 Bernstein, Elizabeth (2015): Not an introvert, not an extravert? You may be an ambivert. In: The Wallstreet Journal. July 27: http://www.wsj.com/articles/not-an-introvert-not-an-extrovert-you-may-be-an-ambivert-1438013534. Eine diesem Artikel zugrundeliegende Studie ist jene von Grant, Adam (2013): Rocking the boat but keeping it steady: the role of emotion regulation in employee voice. In: Academy of Management Journal, Vol. 56, No. 6, p. 1703–1723.

53 Frankfurter Allgemeine Zeitung: Klopp in Liverpool – «The Normal One», 09.10.2015: http://www.faz.net/aktuell/sport/fussball/klopps-dienstantritt-in-liverpool-the-normal-one-13847621.html

54 Den Gedanken, dass auch Unnützes in unserer Gesellschaft von großem Nutzen sein kann, entwickelt der italienische Philosoph Nuccio Ordine gleichermaßen geistvoll wie kämpferisch in seinem kleinen Buch, das alle philosophisch und literarisch interessierten Leser sicher begeistern wird: Ordine, N. (2013): Von der Nützlichkeit des Unnützen. Warum Philosophie und Literatur lebenswichtig sind. Berlin, Ullstein. Der Harvardprofessor Michael Sandel sinniert über eine ähnliche Fragestellung, allerdings eher aus der juristischen und wirtschaftlichen Perspektive heraus. Er erörtert die Grenzen unseres Marktprinzips für unser gesellschaftliches Zusammenleben und wo es – wenn wir es nicht einschränken – Gefahr läuft, unsere menschlichen Grundwerte zu erodieren: Sandel, M. J. (2012): Was man für Geld nicht kaufen kann. Die moralischen Grenzen des Marktes. Berlin, Ullstein.

55 Die Karikatur von Jean-Jacques Sempé aus dem Jahr 1983 wurde vom Diogenes Verlag Zürich im Buch «Der Morgenmensch» im Jahr 1993 (S. 71) veröffentlicht.

56 Escher, Thomas (2015): Dr. Watson im Sturm. Die heimlichen Stars der Liga. Aus: Fußballmagazin 11 Freunde, Nr. 165, 08/2015. http://www.11freunde.de/artikel/die-heimlichen-stars-der-liga-haris-seferovic.

Zur weiteren Inspiration

Folgende Werke haben mich ganz allgemein rund um das Thema sehr bereichert, weshalb ich sie hier gerne auch zum Weiterlesen empfehle:

Friedrichs, J. (2008): Gestatten: Elite. Auf den Spuren der Mächtigen von morgen. 2. Auflage. München, Wilhelm Heyne Verlag.

Grant, A. (2013): Give and Take. A revolutionary approach to success. London, Weidenfeld & Nicolson.

Kullmann, K. (2011): Echtleben. Warum es heute so kompliziert ist, eine Haltung zu haben. Frankfurt am Main, Eichborn.

Miegel, M. (2014): Hybris. Die überforderte Gesellschaft. Berlin, Ullstein.

Precht, R. (2012): Die Kunst, kein Egoist zu sein. Warum wir gerne gut sein wollen und was uns davon abhält. München, Goldmann.

Stavenmann, H. (2011): … Und ständig tickt die Selbstwertbombe. Selbstwertprobleme erkennen und lösen. Weinheim, Beltz.

Verhaeghe, P. (2013): Und ich? Identität in einer durchökonomisierten Gesellschaft, Kunstmann Verlag.

Die Sendung «Sternstunde Philosophie» des Schweizer Fernsehens schafft es immer wieder, mit interessanten zeitgenössischen Vordenkern gegenwartsbezogene gesellschaftliche Themen zu diskutieren – einige davon haben mich beim Schreiben speziell inspiriert:

André Comte-Sponville: Gott, Moral, Kapital. In: «Sternstunde Philosophie» des Schweizer Fernsehens, 27. Juli 2014: http://www.srf.ch/sendungen/sternstunde-philosophie/best-of-sternstunden-comte-sponville-gott-moral-kapital. Sein Buch: Comte-Sponville, A. (2014): Ermutigung zum unzeitgemäßen Leben. Reinbek, Rowohlt.

Lisa Herzog: Markt, Macht und Freiheit. In: «Sternstunde Philosophie» des Schweizer Fernsehens, 29. Juni 2014: http://www.srf.ch/sendungen/sternstunde-philosophie/markt-macht-und-freiheit. Ihr Buch: Herzog, L. (2013): Freiheit gehört nicht nur den Reichen. Plädoyer für einen zeitgemäßen Liberalismus. München, C.H. Beck.

Harald Welzer: Unsere Freiheit ist bedroht. In: «Sternstunde Philosophie» des Schweizer Fernsehens, 29. März 2015: http://www.srf.ch/sendungen/sternstunde-philosophie/harald-welzer-unsere-freiheit-ist-bedroht. Sein Buch: Welzer, H. (2014): Selbst denken. Eine Anleitung zum Widerstand, Fischer Taschenbuchverlag.

Jürgen Wiebicke: Perfekt oder menschlich? Vom Zwang, immer besser zu werden. In: «Sternstunde Philosophie» des Schweizer Fernsehens, 23. Februar 2014: http://www.srf.ch/sendungen/sternstunde-philosophie/perfekt-oder-menschlich-vom-zwang-immer-besser-zu-werden. Sein Buch: Wiebicke, J. (2013): Dürfen wir so bleiben, wie wir sind? Gegen die Perfektionierung des Menschen – eine philosophische Intervention. Köln, Kiepenheuer & Witsch.

Die Autorin

© Martin Guggisberg

Eva Bilhuber, aufgewachsen in Freiburg im Breisgau, lebt und arbeitet als selbständige Managementberaterin und Executive Coach in der Schweiz. Ihr besonderes Interesse gilt der Frage, wie sich das zuweilen als spannungsreich erlebte Verhältnis zwischen ökonomischer Effizienz und Menschlichkeit in Unternehmen vereinbaren lässt. Sie studierte Erziehungswissenschaft, Psychologie und Betriebswirtschaft und promovierte zum Thema «Social Capital» an der Universität St. Gallen. Bis zu ihrer Selbständigkeit arbeitete sie über mehrere Jahre in der Mitarbeiter- und Organisationsentwicklung eines internationalen Großunternehmens in Zürich und Frankfurt. Heute lebt sie mit ihrem Mann in den Schweizer Bergen und liebt es, sich vom Kontrast zwischen internationalem Unternehmensalltag und bodenständigem Landleben bereichern zu lassen.

Zum Weiterdenken

Jean-Paul Thommen
Spurenwechsel –
Das Reflexions- und Notizbuch für erfolgreiches Handeln

Arbeiten Sie noch oder denken Sie schon? Begeben Sie sich mit Ihrem Reiseführer Jean-Paul Thommen auf eine spannende Denkreise, auf der Sie alte Spuren verlassen und neue Spuren legen.
Der Text von Jean-Paul Thommen und die Gartenbilder von Claudia Berg laden ein zum Reflektieren der bisherigen Spuren und zum Legen von neuen Spuren.

«Man möchte das Buch am liebsten sofort einpacken und losfahren zu einem Wochenende Nachdenken.»
Heike Littger/Winfried Kretschmer, www.changex.de

Mit Bildern von Claudia Berg · ISBN 978-3-03909-151-5 · 160 Seiten
Format 17 × 24 cm, 112 Blankoseiten, fester Einband mit abgerundeten Ecken, Lesezeichen, Gummiband zum Verschliessen, Einstecktasche für lose Zettel